JN036911

元国税調査官が教える
税金を最小限に抑える技術

正しい脱税

元国税調査官
大村大次郎 著

彩図社

はじめに――脱税は国民の義務――

「なるべく税金は払いたくない」

これは万人に共通する気持ちだろう。

特に、会社経営者や自営業者、フリーランサーなどにとっては、税金など絶対に払いたくないという人が多いだろう。

よほどの偽善者じゃない限り、すすんで税金を払いたいなどという人はいないはずだ。

この「税金を逃れたい」という気持ちは、実は国のためでもある。

「こいつは頭がおかしいのか？　国のためを思うならばきちんと税金を納めるべきだろう」と思った人もいるだろう。

しかし、しかし、しかし、である。

今の日本の社会システムでは、「税金を納めることは悪」なのである。

詳しくは本書で述べるが、今の日本では、税金は湯水のように無駄遣いされ、既得権益者を潤すばかりなのである。しかも、日本の税制は決して公平などではない。ズルいもの、強いものには非常に優しく、弱いもの、正直なものに非常に厳しい制度になっているのだ。

たとえば、億万長者よりもフリーターの方が税負担率が高くなっているのだ（詳細は本文で）。

なぜこんなでたらめなシステムになってしまったかというと、もちろん政治が悪いのだが、納税者にも責任がある。

これまで、日本の納税者の多くは、ろくに文句を言うこともなく、黙って税金を納めてきた。それが為政者を堕落させ、既得権益者を増殖させる結果となってしまったのだ。

だから、我々は、国のために正しい脱税に励まなくてはならない。

脱税は国民の義務なのだ。

会社経営者や自営業者、フリーランサーの方々などに「正しい脱税」の方法を伝授するのが、本書の趣旨である。また一般の方にとっても、事業者の「正しい脱税の方法」を知ることは、税金の仕組みを理解することに役立つはずだ。税金の「ウラ入門書」としても、ぜひ活用していただきたい。


ところで世間で使われている「脱税」という言葉には二つの意味がある。

一つは、税金を逃れる行為全般を指す言葉。

もう一つは、税法違反のことを指す言葉。

前者は、世間一般で広く使われている言葉である。

後者については、実は非常に定義が狭い。悪質な申告漏れ行為があり、なおかつ一定以上の追徴課税（おおむね1億円）がないと、税法違反にはなかなかならないからである。

本書で扱う「正しい脱税」という言葉は、前者である。前者の中でも、税務署に指摘されたり、追徴課税を喰らったりしない行為のことである。

「税金を逃れる」という一貫した強い精神を持ちながら、違法行為でとがめられるようなことは巧妙に避ける。

それが「正しい脱税」である。

違法行為を推進しているわけでは決してないので、その点はご了承願いたい。

正しい脱税【目次】

正しい脱税【目次】

正しい脱税【目次】

正しい脱税【目次】

※本書の内容は2023年6月時点の情報に基づいています

第1章

脱税は国民の義務
なぜ正しい脱税が必要なのか？

億万長者の税負担はフリーターより低い

本書は「正しい脱税の方法」を伝授するものだが、まずは「なぜ正しい脱税をするべきなのか」その理由をこの第1章で述べたいと思う。

税金を納めるべきではない理由の一つに、**税の不公平**がある。

現在の日本では、**「高額所得者ほど税負担が低くなる」**という近代国家ではあり得ないような状況が生じているのだ。

日本は、表向きの税制は、高額所得者ほど税率が高くなるように制定されている。だから表向きの税率だけを見れば、「高額所得者はたくさん税金を払っている」ように思える。

しかし、しかし、金持ちが実際に払っている税金は驚くほど少ないのだ。

税制調査会のHPには、所得1億円までは税負担率が上がっていくが、1億円を超えると急激に税率が下がるというデータが載せられている。所得1億円の人の実質税負担率は27・1％だが、所得100億円の人は17・1％まで下がるのだ（第27回税制調査会〈2023年6月30日〉

資料より）

つまり、大金持ちほど税負担が少なくなるということである。13・5％というと、サラリーマン1年生よりも少ない。下手をすると、フリーターよりも安い。

このデータは、政府の諮問機関である日税専門家委員会に提出された資料であり、公的にも認められたものである。

なぜ所得が高い人の実質税負担率が下がるかというと、次のようなカラクリがあるからだ。

日本には、配当所得に対する超優遇税制がある。配当所得は、どんなに収入があっても所得税、住民税合わせて一律約20％でいいことになっているのだ。これは平均的サラリーマンの税率とほぼ同じである。

これは、配当所得を優遇することで、経済を活性化させようという小泉内閣時代の経済政策によるものだ。

そして金持ちは、自分の収入を持ち株の配当に集中させていることが多い。たとえば、トヨタの前社長は、会社からもらう報酬はそれほど高くなく、持ち株からの配当収入が主になっていた。

つまりは、自分の高額な収入を、税率の安くなる方法で受け取っているのだ。

また日本国民には、税負担と同様のものに社会保険料の負担がある。社会保険料というのは日本の居住者であれば、一定の条件のもとで必ず払わなくてはならないものだ。そして社会全体で負担することで、社会保障を支えようという趣旨を持っており、まさに税そのものなのである。国民健康保険の納付書などには「国民健康保険税」と記されている。

今、国民の多くは、社会保険料の高さに苦しんでいる。

社会保険料は年々上がり続け、税金と社会保険料を合わせた負担率は40％以上にのぼっている。これは実質的に世界一高いといえる。

しかし、しかし、**富裕層の社会保険料の負担率は、驚くほど低いのだ。**5億円の配当収入者ではわずか0・5％に過ぎないのだ。

現在の社会保険料は、原則として収入に対して一定の割合で課せられているが、社会保険料の対象となる収入には上限がある。

たとえば国民健康保険の上限は、介護保険と合わせて約100万円である。つまりいくら収入があろうが100万円以上の保険料は払わなくていいのだ。

そのため所得が大きい人ほど負担率は下がっていくのだ。

それやこれやで、金持ちの税負担、社会保険料負担は、フリーターよりも安くなっているのだ。

税金は取りやすいところから取る

日本の税制では建前の上では、「税金はすべての国民に公平に課税する」となっている。

しかし、それはまったくの嘘である。

税金は声が大きいものが少なくて済み、小さいものがたくさん取られるようになっているのだ。

税務の世界では昔から、

「税金は取りやすいところから取れ」

という鉄則がある。

税金はあまり文句が出ないところから取れ、ということだ。

「文句が出ないように取る」ということは、公平に取るという意味ではない。**文句を言わないものからたくさんとって、文句を言うものからはあまり取らない**ということなのだ。

たとえば税務調査では、追徴額を交渉で決めることがよくある。

税法上決められた額を追徴するのではなく、納税者と調査官の交渉で決めるのだ。声の大きい納税者は、税金を少しでも少なくしようとして必死に調査官に食ってかかる。

「そんなに税金を払うくらいなら会社はつぶしてもいい」

「裁判したって、そんな金は払わない」

そういうふうに言われて、調査官側が根負けし追徴税を負けてしまうこともよくあるのだ。

その一方で、調査官の言うことをすんなり受け入れてしまうおとなしい納税者もいる。調査官はそういう納税者からは税金を取れるだけ取ろうとする。

つまり、うるさい人はあまり税金を払わず、おとなしい人はたくさん払うハメになるのだ。うるさい人が税金で得をするのは、何も税務調査の現場だけではない。日本のあらゆる場所でそれがまかり通っている。

たとえば、日本の税制では、開業医の税金がとても優遇されている。なぜそうなっているかというと、彼らは「日本医師会」という強力にうるさい団体を持っているからだ。この団体が政府にうるさく働きかけるので、開業医の税金は低く抑えられているのだ。

日本医師会に限らない。

日本にはそれに似た業界団体は腐るほどある。**うるさい業界の税金は安い**のだ。その代表的なものに、経団連がある。経団連は日本の超大企業の経営者の集まりである。彼らは当然のことながら、超大金持ちでもある。つまりは大企業の利益と、富裕層の利益を代表する存在だ。この経団連の会員たちは、政党へ巨額の寄付を行なっており、政治への圧力が非常に大きい。この30年の間、日本では大企業と富裕層の税金が大幅に減税されてきたが、それも経団連の存在が影響しているのだ。

このように税金は、力の強いもの声の大きいものが得をする仕組みになっているのである。

「税金は公平などではない」
「税金はおとなしいものが損をする」
ということを、納税者は重々肝に銘じておくべきなのだ。

日本の金持ちの税金はアメリカの半分以下

前項で述べたように、「税金は声が大きいものが得をする」のだが、日本で一番声が大きいのは富裕層である。

富裕層が、いかに税金を払っていないか、というのはアメリカと比較すれば、もっともわかりやすい。

日本では名目上の税率は、富裕層に高く設定されている。最高税率を比べれば、日本は45％、アメリカは37％なので、日本は8ポイントも高くなっている。最高税率というのは富裕層に課されるものだ。だから、最高税率だけを見れば、日本の富裕層は高い所得税を払っているような気がするはずだ。

では、実際に支払われた税額を見てみたい。

日本の所得税収は、わずか18・7兆円に過ぎない。

一方、アメリカの所得税収は、約２００兆円である。

◎日米の所得税比較

	アメリカ	日本
所得税率(最高税率)	37%	45%
日米の所得税比較(2021年度予算)	約200兆円(1兆9290億ドル)	18兆7000億円

なんと日本の所得税収はアメリカの10分の一以下しかないのだ。

日本の経済規模はアメリカの４分の一なので、明らかに日本の所得税収は低すぎるのだ。**経済規模を考慮しても、日本の所得税収はアメリカの半分以下といえる**のだ。

最高税率はアメリカより8ポイントも高いのに、なぜ所得税の税収は10分の一以下になっているのだろうか？

富裕層はたくさん税金を払っているけれど、貧乏人が税金を払っていないから、日本の税収は低いのだろうか？

それは違う。

アメリカは、収入のある人のうち46％は、所得が低いということで、所得税を免除されている。しかし日本は収入のある人のうち、所得が低いとして所得税を免除されているのは20％以下なのだ。

またアメリカでは、高額所得上位10％の人が税収の70％を負担している。つまりアメリカの高額所得上位10％は、１４０兆円程度の所得税を負担しているのだ。が、日本は上位10％の人は60％しか負担していない。わずか10兆円ちょっとである。

負担割合から見ても、アメリカの富裕層は日本よりも多くのものを負担しているのだ。

名目の税率は日本の金持ちの方が高いのに、実際の税負担はアメリカの半分以下……いかに、日本の金持ちの税金が抜け穴だらけか、ということである。

先進国で一番低い日本の金持ちの負担

またアメリカに限らず他の先進諸国と比較しても、日本の金持ちの負担は非常に低いのだ。

次ページの表を見てほしい。

これは、先進主要国の国民所得に対する個人所得税負担率を示したものだ。少し古いデータではあるが、10年前と現在とでは、先進国の個人所得の税制はあまり変わっていないので、現在もほぼ同様の結果になると推測される。

このデータは国民全体の所得のうち、所得課税されているのは何%かを示したものである。

◎主要国の個人所得税の実質負担率（対国民所得比）

日本	アメリカ	イギリス	ドイツ	フランス
7.2%	12.2%	13.5%	12.6%	10.2％

（世界統計白書2012年度版より）

国民全体の所得税の負担率を示しているといえる。

実は日本はこれがわずか7・2%なのだ。

主要国の中では断トツに低い。

アメリカ、イギリス、ドイツ、フランスはどこもGDP比で10%以上の負担率がある。イギリスに至っては、13・5%で、日本の約2倍である。

個人所得税というのは、先進国ではその大半を高額所得者が負担しているものだ。国民全体の所得税負担率が低いということ、すなわち「高額所得者の負担が低い」ということを表しているのだ。

これはつまり、日本の富裕層は、先進国の富裕層に比べて断トツで税負担率が低いということなのだ。日本の富裕層は、名目の税率は高くなっているけれど、実際に負担している額は非常に低くなっているということなのである。

中小企業は税金など払わなくていい

前項まで、今の日本でいかに富裕層が税金を払っていないか、ということをご紹介してきた。

その一方で、サラリーマンや中小企業は過度の税負担に苦しめられてきた。

最初にはっきり言っておきたいが、**「中小企業は税金など払わなくていい」**と筆者は考えている。

今の中小企業は、大企業のような国の支援もなく税制優遇もなく、中国、韓国などと価格競争をしなくてはならないのである。

その苦労たるや、並大抵のことではない、といえる。

だから、中小企業というのは、もう存在しているだけで立派に社会的価値があるのだ。税金(補助金)も使わず、社会に害を与えるわけもなく、やっている中小企業はもうそれだけで立派なのだ。

そして、もしその中小企業が、経営者の家族以外に一人でも人を雇用しているとなれば、その社会貢献は多大なものがあるのだ。何十人も従業員を雇っている中小企業は、表彰してもいいくらいの偉さがあるのだ。

中小企業を大事にしないならば、将来の国力は必ず落ちていく。

トヨタもホンダもソニーも、最初は中小企業から出発したのである。

日本の高度経済成長を支えてきたのは、中小企業の技術力だと言っても過言ではない。

しかし、現在の国の政策を見る限り、中小企業はまったくおろそかにされている。

消費税の増税や度重なる社会保険料の値上げが、中小企業にどれほど大きなダメージを与えているか、国は、まったく理解していない。

しかし、国に文句を言っているばかりでは、らちが明かないので、自分たちでやれることからやってみるべきだろう。

まずは税金を極力安くすることである。

税金ほど無駄な支出はないからだ。

日本の「税金無駄遣い」は末期症状

しかも今の日本では「税金の無駄遣い問題」もある。

この問題は、もうずっと以前から言われてきたものであり、多かれ少なかれどこの国も抱えている問題だ。が、日本の場合、本当にヤバい、本当に末期症状のような状態なのである。

昨今の新型コロナ対策において、「中抜き問題」が大きくクローズアップされた。

たとえば、新型コロナにより経営が悪化した中小企業に、悪化状況に応じて現金を給付するという「持続化給付金」である。

持続化給付金では、「サービスデザイン推進協議会」というほとんど実体のない団体に769億円という巨額な費用で事務委託されていた。その委託費は20億円抜かれた後さらに電通などに再委託されていた。

しかも、「サービスデザイン推進協議会」が受注した国の事業は今回が初めてではなく、2016年の発足から2020年までのわずか5年間で、経済産業省の事業を1576億円も受注していたのだ。

サービスデザイン推進協議会は、電通、パソナ、トランスコスモスなどによってつくられた団体である。パソナという会社は人材派遣業であり、あの竹中平蔵氏が元会長だった企業だ。官僚の再就職業務（つまりは天下りのあっせん業務）なども行なっていた「天下りの総本山」というような会社である。


また安倍首相が日本全国の家庭に一人あたり2枚のマスクを配布したいわゆるアベノマスクでも同様の問題が指摘された。

政府は、アベノマスクの納入業者について、興和、伊藤忠、マツオカの3社についてはすぐに公表したが、残りの2社についてはなかなか公表しなかった。このことは国会でも問題視され、世間でも叩かれるようになり、2020年4月27日になってようやく菅義偉官房長官が、残りの2社を公表した。

残りの2社は横井定、ユースビオという企業名だった。

横井定株式会社は「日本マスク」というブランドを持つ老舗のマスクメーカーである。が、もう一つのユースビオという企業はまったく無名だった。

このアベノマスクの調達は、通常の「入札」によるものではなく、政府が勝手に指名する随意契約だった。緊急のため、随意契約となったのだ。随意契約というのは政府が勝手に決めるものだから、より公正な選択が必要とされる。だいたい実績のある大手企業が選ばれる。

特に、アベノマスクのような緊急性の高いものについては、失敗のないように実績が非常に重視されるはずだった。

しかし、このユースビオという企業はホームページもない、電話帳にも載っていないような超無名の企業だったのだ。

週刊東洋経済が2020年4月30日に配信した「福島の無名会社『アベノマスク4億円受注』の謎」（岩澤倫彦）という記事によると、「社屋は平屋のプレハブのような簡素な建物」で「海外から燃料用の木質ペレットを輸入する事業を行なっており、マスクの輸入販売にはまったく実績がない」とのことだ。また会社の代表者は、脱税で起訴され執行猶予中の身だったそうである。

新型コロナという歴史的な災厄においてさえ、これほど明確に利権が絡むのだ。他の予算がさらにひどいことになっているのは言うまでもない。

元官僚として、筆者はこういうのを嫌というほど見てきた。

こんなひどい状態なのに、日本はよく国として成り立っているなと思うほどである。

巨額の公共事業を行なっているのに公共インフラはボロボロ

日本の税金無駄遣いのひどさについて、いくつか例を挙げたい。

日本は90年代から２０００年代にかけて国と地方合わせて総額６３０兆円にも上る公共投資を行なった。バブル崩壊から現在までの間に、日本は１０００兆円近くの金を公共事業につぎ込んでいるのだ。こんな巨額の公共事業を行なった国は他にはない。

日本は巨額の公共事業を行なってきたにもかかわらず、途上国並みのインフラなのだ。というより、途上国以下の部分も多々あるのだ。

31ページ上の表は、ＷＨＯが発表した２０１１年から２０１５年までの10万人人口あたりの自然災害の死者数のランキングである。残念なことに日本は世界のワースト2位ということになっているのだ。

ソロモン、ミクロネシアなどの小島国家やカンボジア、南スーダンなど、インフラ整備が明らかに遅れている国などよりも日本は自然災害の死亡率が高いのだ。

たとえば2018年の災害死者数ランキングでは、日本は444人でインドネシア、インド、グアテマラに次いで4位となっている。日本はこの20年ほどは東日本大震災の犠牲者を除いても年平均で150人以上の犠牲者を出している。人口比の犠牲者数は常に世界のワースト10の中に入っているのだ。

世界の中には、インフラが整っていなかったり、環境の悪いスラム街に人口が密集していたり、日本よりももっと自然が過酷だったりする国は多々ある。

いくら日本では災害が多いと言っても、そういう国々よりも犠牲者が多いというのは、やはり「おかしい」と思わざるを得ない。

なぜこんなことになっているのかというと、**日本の巨額の公共事業費は、必要なところに使われず、特定の業界、特定の地域だけに繰り返し使われている**からだ。有力な政治家のいる地域や有力な族議員を持つ業界などは、潤沢な公共事業費で潤っているが、本当に公共事業が必要な場所には行き渡っていないのだ。

たとえば、堤防整備である。

31ページ下の表は、先進国の主要河川の堤防整備状況であり、国土交通省のサイトで公表されていた資料だ。

日本の荒川というと、埼玉、長野、山梨から関東平野のど真ん中を貫き、東京23区内を経て

◎自然災害による死者数・世界ランキング

順位	国名	自然災害による平均死亡率（10万人口当たりの人数）［2011～2015年］
1	ネパール	7.2
2	日本	3.4
3	フィリピン	2.5
4	サモア	2.4
5	セントビンセント及びグレナディーン諸島	2.2
6	ソロモン諸島	2.0
7	ミクロネシア	1.3
8	ナミビア	0.9
8	ニュージーランド	0.9
8	バヌアツ	0.9
11	アフガニスタン	0.8
12	カンボジア	0.7
12	セントルシア	0.7
14	ボリビア	0.5
15	フィジー	0.4
15	ハイチ	0.4
15	パキスタン	0.4
15	ソマリア	0.4
15	スリランカ	0.4
20	南スーダン	0.3
20	タイ	0.3

（WHO世界保健統計2016より）

◎先進各国の主要河川等の整備率

日本	アメリカ	イギリス	オランダ
荒川	ミシシッピ川	テームズ川	沿岸部
72.5%	約93%	100%	100%

※堤防の必要がある区間のうち堤防が完成している割合
（国土交通白書 2022、国土交通省HPより）

東京湾にそそがれるという「首都圏の中心を流れる大河川」である。この荒川の堤防工事が72・5％しかできていないのだ。

何十年もの間、世界最大の公共事業費を費消しておきながら、大都市を貫く大河川の堤防工事さえ完成させていないのである。

金持ちほど税金に渋い

ところで筆者は、元国税調査官である。

国税調査官というのは、簡単に言えば、納税者の申告が正しいかどうかの調査などを行なう仕事である。人の懐具合や、金の使い方を散々チェックしてきた。

私はこの仕事をしているとき、世の中の重大な法則を見つけた。

「金持ちほど税金にものすごくケチだ」

ということである。

これはほとんど例外がない「原理」なのだ。

金持ちはケチじゃない人もたくさんいる。人と飲みに行けば、気前よくおごる金持ちもたくさんいる。

そういう人でも、税金に関しては間違いなくケチなのだ。

なんで金持ちが税金にケチなのか。

「支出の中で税金がもっとも無駄なもの」

ということを、彼らはよく知っているのだ。

人にご馳走することは、それなりに意味がある。自分の経済力を誇示することでもあるし、相手の気分を良くさせ恩を売ることもできる。

でも税金は、見返りがほとんど期待できない。

何に使われているのか、よくわからない。というより、**絶対に無茶苦茶に無駄遣いされていることは、間違いない**のだ。自分の大事なお金を、そんなことで取られてしまってはたまらない。

「政治家にいいことをしてもらおうと思えば、税金など払わずに、寄付をすればいい。とっても直接的な見返りがある」

金持ちは、そう考えているのだ。

日本は累進課税の国である。

累進課税というのは、金持ちほど税金を多く払うような仕組みである。だから当たり前にやっていれば、金持ちは貧乏人よりたくさん税金を払わなければならない。

しかし金持ちは、そんな手には乗らない。

あの手この手を使って、税金を払わないで済むようにしてしまう。貧乏人よりも、少ない税金しか払っていない、ということもよくあるのだ。

実際、私が税務調査をした会社経営者には、私よりはるかに収入が多いのに私よりもはるかに少ない税金しか払っていない人たちもたくさんいた。

金持ちというのは税金にとても詳しい。調査官や税理士が歯が立たないこともあるくらいだ。金持ちは税金に関してものすごく研究をしているのだ。税金を払わないためなら、努力を惜しまない。

かの田中角栄も、国税庁が総力をあげても敵わないほど税金に詳しかったそうである。

節税とは「法の穴をつくこと」である。

法の趣旨にしたがっていれば、金持ちはたくさん税金を取られる。だから目を皿のようにして、税法の抜け穴を見つけ出すのだ。このようにして金持ちは、税を逃れてきた。

ならば金持ちでない我々は、金持ちと同等かそれ以上に、税金に関して敏感にならなければならない。そのために、我々は「正しい脱税」を学ぶ必要があるのだ。

「正しい脱税」とは何か？

ここで本書の趣旨としている「正しい脱税」とはなんぞやということをご説明したい。

「正しい脱税」というのは、ざっくり言えば「違法行為ではない脱税」のことだ。

ではどういうことが「違法行為の脱税」になるのか？

「違法行為の脱税の条件」というのは、ざっくり言うと、

「税金の申告において不正を行い」

「逃れた税金が多額であること」

なのだ。

「違法行為の脱税は節税の延長」

などと言われることもある。しかし、実は「違法行為の脱税」と節税の間には明らかな一線がある。

それは税の専門家じゃなくても、簡単に判別できる。

ただ、世間一般では、申告した税金が過少だった場合、すべてをひっくるめて違法行為としての脱税と呼ぶ傾向がある。が、税務上の取り扱いにおいては、おなじ過少申告であっても、合法的か非合法的かで税務上の扱いは異なるのだ。

過少申告、いわゆる課税漏れには、2種類ある。

「悪質なもの」と「悪質でないもの」である。

「悪質なもの」というのは、売上を隠したり、経費を水増ししたりするなどの「不正工作」を行なうことだ。

「悪質でないもの」というのは、税法を知らなかったためにうっかり申告漏れになっていたり、計算ミスをしたりしたような場合である。

税務上の取り扱いにおいて、両者には差がある。

「悪質でないもの」はたとえば単なる経理ミスや税法の解釈誤り、または違法とは知らずに勘違いで行なった申告漏れに関しては、税務上は「過少申告加算税」というものが課せられる。

これは、追徴して払う税金を10％増しにするというものだ。

一方、悪質なもの、税逃れのための不正工作をしていた場合には、追徴して払う税金は35％増しになる。

これは「重加算税」と呼ばれている。この重加算税がかかる申告漏れのことを「不正行為」と呼ぶのだ。

そしてこの不正工作をしていて、なおかつその金額が巨額のものが税法違反として起訴されるのだ。それが違法行為としての脱税である。

巨額というのは、どのくらいのものを言うかというと、追徴税額としてだいたい1億円くらいとされている。しかし、あまりに悪質な場合は、それより少ない額でも起訴されるケースもある。

本書が目的としている「正しい脱税」というのは、悪質な行為と認定されない節税、つまり税法違反につながらない節税のことである。

しかし、巷の税金マニュアルにあるような通り一遍の節税ではない。**税法の抜け穴をついたり、税法のギリギリをつくような「攻めた節税」**なのである。が、「攻めた節税」と言っても、そう難しいものではない。誰もが簡単にできるものばかりなのである。

第2章

正しい脱税を行なうための基本の９カ条

「正しい脱税」のための9カ条

「正しい脱税」をするコツのようなものがある。
本章では、そのコツとなることを9カ条にまとめた。それは以下の通りである。
一、ほんのわずかな知識で税金は劇的に安くなる
一、税法を味方につけるべし
一、税務署、税理士の言うことを鵜呑みにするな
一、生活費を事業の経費に計上すべし
一、家族を最大限利用すべし
一、税金を減らすには予防が大切
一、常にだいたいの税金額を把握しておくべし
一、節税策は〝合わせ技〟を使うべし

一、脱税で捕まるのはバカ

この9カ条を次項以下で順に説明したい。

「ほんのわずかな知識で税金は劇的に安くなる」

まずは「ほんのわずかな知識で税金は劇的に安くなる」についてである。

一般の人にとって、税金というのは難解なイメージがありとっつきにくいものだろう。だから、税金を知ることを諦めたり、税理士や会計担当者に任せっぱなしになったりしてしまう。

しかし、税金というのはそれほど難しいものではない。

また税金を体系的に知らなくても、**断片的な知識でもいいので、ちょっとでも知識を持てば、税金の額は劇的に安くなるのである。**

多くの人は、「ほんのちょっとの努力」をせずに、高い税金を払っているのだ。

普通の人は、収入を得るために仕事を頑張るものである。

事業者であれば、事業の利益を出すために頑張る。事業というのは、形式上の目的は「利益を出すこと」になっているので、それはとても正しいことである。

しかし、**せっかく利益を出しても、その4割が税金に取られてしまう**のだ。

これは、事業者にとっては非常に痛いことである。

事業の中で、利益を倍に増やすということは、並大抵のことではない。しかし、もし税金を払わずに済むならば、利益を2倍近く増やすのと同じことなのだ。節税をするのとしないのとでは、事業活動はまったく違うのだ。

ずる賢い事業者は、その点をしっかり認識している。

だから、無駄な利益は出さないよう、つまりなるべく税金は払わなくて済むように、計算している。

税金をなるべく安くしたいというのは、事業者としては誰もが持っている考えだろう。「喜んでたくさん税金を払います」というような事業者に、筆者は会ったことはない。

だが事業者が皆、節税のポイントをしっかり押さえて、巧みな節税をしているわけではない。

ほとんどの事業者は、日々の忙しさのため、なかなか税金にまで頭が回らず、決算が終わってから、税金の多さに愕然としてしまう。そして、中には無理な節税（つまり脱税）に走る事業者もいる。

その点、本当の金持ちは、忙しい中でも、常に頭のどこかで税金を計算している。そして、本当に「効果のある節税策」を施しているのだ。

私は自営業者や、会社経営者の方と時々お会いすることがあるが、税金が高い、という声を必ずと言っていいほど耳にする。事業がそれなりに運営できている経営者で、税金を負担に思っていない人はいないといえるだろう。

でもそれらの人が節税の努力をしているかどうかというのは、また別の話なのだ。

不思議なもので、節税をしている人は、様々な節税策を日々研究しているが、節税をしていない人は、まったくしていない。

税理士に任せっぱなしになっているのだ。

税金というのは、ほんの一手間で、まったく変わってくる。

ほんのちょっとした節税策を施すだけで、税金は随分安くなる。今まで、節税策を施してなかった人ならば、なおさらである。

税金は、努力がゼロの場合と努力が1の場合の差がもっとも大きいのだ。

税金は高い、税金は自分の力ではどうにもならない、などと思わずに、何か一つでも節税策を講じるべきだろう。

本書に載っている「正しい脱税策」を一つでも使いこなせば、本書の代金の何十倍、何百倍の税金が簡単に節税できるのだ。

「税法を味方につけるべし」

次に「税法を味方につけるべし」について説明したい。

実は税務の世界では、グレーなものがたくさんある。課税になるかならないか、経費として認められるか認められないか、明確な線引きがされていないものが多いのだ。また個別の事情によって、線引きは変わってくることもある。つまり、税務には微妙なものが多いのだ。

たとえば交際費である。交際費というのは、非常に線引きが難しい。どこからが会社の交際費でどこからがプライベートの費用なのかはなかなか判別がつかない。

その場合、どうすればいいのか？

納税者側が自分で判断をすればいいのだ。

日本の税制では申告納税制度という建前をとっている。これは「税金は納税者が自分で申告して自分で納める」というものだ。税務当局は、申告に明らかな誤りがあったときにのみ、是正できるのだ。

だから**申告で不審な点があった場合、納税者は「それが潔白だ」という証明はしなくていいのだ**。もし不審点を否認するのなら、税務当局側（つまり税務署）に「それが黒だ」と証明する必要があるのだ。

しかし、納税者の多くはその権利を知らない。税務署は、納税者がそれを知らないことをいいことに、無理やり言いくるめて税金を取ろうとすることもある。そして残念なことに、こういう税務署員はけっこう多いのだ。

たとえば、よくあるケースで、こんなものがある。

とある会社で、ゴルフ代を会社の経費で認めるかどうかで、調査官が追及している。

「社長！　このゴルフ代はだれと行ったんですか」

と調査官が社長に聞いた。

「以前から取引のあるYさんと行きました」

社長が答える。すると、調査官はこう聞き返した。

「Yさんとは今も取引があるんですか？」

「最近はあまりないです」

と社長は答えた。

それを聞いた調査官は、こう言った。

「Yさんは取引先じゃなくて、普通の友人でしょう？　友人と一緒にゴルフに行ったんでしょう？　これは会社の経費とは認められませんね」

こういうやりとりは、税務調査の中では、普通にある。でも、これは明らかに法的にはおかしいのだ。

というのも、交際費（会社の経費）に該当するかどうかの判断を、調査官がする権利などはない。かつての取引先とゴルフに行ったのであれば、今は取引はなくても、いずれ取引が再開するかもしれないし、ビジネスに関する有用な情報を得ることもあるはずだ。だから、この社長が「交際費に該当する」と判断すれば、それは尊重されるべきなのだ。

もし納税者側が異議申し立てをしたり、行政裁判を起こせば、税務署は負けるだろう。

「税務署、税理士の言うことを鵜呑みにするな」

次に「税務署、税理士の言うことを鵜呑みにするな」について説明したい。

日本の国民は素直な人が多いのが特徴である。

政治家や役人の悪口を言いながらも、最終的にはしたがってしまう。彼らもそれなりに考えてやってくれているのだろう、と思ってしまうようだ。

でも、こと税金に関する限り、それは通用しないといっていい。

「税金は声の大きいものが得をする」

そういうふうになっているのである。

税務署というと、企業や市民が脱税をしていないかどうかを見張っているところ、皆に公平に税金をかけるように日々努力している、正義の味方的な存在だと思っている人も多いかもしれない。

でも、税務署というものは、実はただの「税金取り」に過ぎない。一般企業のセールスマンと同じように、少しでも税金を稼げばそれでいい、というタイプの人たちなのだ。前項で述べたように、納税者の無知に付け込んで、適当に言いくるめて税金をふんだくるということを平気で行なうのである。

また税理士に申告を頼んでいる会社やフリーランサーの方も多いだろう。税理士は、税務署に比べれば、節税策を指南してくれる機会は多いといえる。しかし、これも、必ずしも万能ではない。

税理士に頼むといっても、**期末の申告書作成だけをお願いしているのであれば、機械的に申告書を作成されるだけの場合がほとんど**である。

税理士に定期的に指導してもらっている場合も、税理士の能力、日ごろの勉強の度合いなどで、効果的な節税策を指南してくれるか否かは、大きく違ってくる。税理士によっては、最近の税務事情に疎い場合もあり、そういう税理士は、節税策についての知識も乏しいのだ。

ただし、税理士も顧客から尋ねられたことについては、勉強をしてくるものである。だから、**税理士には積極的に節税策を尋ねた方がいい**だろう。

それも、ただ漠然と「どうすればいい節税になりますか」という聞き方ではなく、「人件費で節税したい」「交際費で節税したい」などと具体的な項目を尋ねてみた方がいい。

「税理士に任せているのだから、節税はそれでＯＫ」

などと思ってはならないのだ。

「生活費を事業の経費に計上すべし」

次に「生活費を事業の経費に計上すべし」について説明したい。

事業の税金を安くする方法は、実は二つしかない。

売上を減らすか、経費を増やすか、である。

事業の税金は、利益にかかってくるものである。だから、税金を減らそうと思えば、利益を減らすしかない。そして利益を減らすには、売上を減らすか、経費を増やすしかないのだ。

しかし、この二つの方法のうち、**売上を減らす方法は、あまり使えない**。

というのも、売上というのは、相手（顧客）があってのことなので、恣意的に増減することはなかなか難しい。

売上というのは、下手にいじると大変なことになるからだ。無理やり売上を減らすと、顧客が離れてしまい、今度は売上を上げようと思ったときに上がってくれなくなる恐れがある。そうなると、税金を安くするどころか、事業自体が危ぶまれてしまう。だから、売上は故意に減らそうなどと考えない方がいいのだ。

となれば、残りは経費を増やす方法だけである。

経費というのは、経営者の意思によって簡単に増減できる。経費を増やしたところで、顧客が離れる心配はない。だから、恣意的に税金を安くしようとする場合には、経費を増やすしかない、ということになる。

しかし、まったく無駄な経費をどんどん増やしても、税金は減るけれども事業の経理状態は悪化していく。これでは、本末転倒だといえる。

ではどうすればいいか？

自分の生活費となるものなどを事業の経費として計上し、税金を安くすることである。

そうすれば、自分の生活費も浮くし節税にもなる。

もちろん、本来は、自分の生活費を事業の経費に計上することなどはできない。

が、自分の事業と関連付けさえすれば、生活費であっても経費に計上することができるのだ。

詳しくは後述するが、たとえば、家賃、通信費、光熱費なども一定の手順を踏めば事業の経費に計上できるのである。

「家族を最大限利用すべし」

次に「家族を最大限利用すべし」について説明したい。

中小企業が税金を逃れる上でもっとも手っ取り早く、効果のある方法は、身内を事業の中に入れることである。

役員や従業員として、妻子や親兄弟を会社の一員にしておくのだ。

身内を役員や従業員にすると、通常の節税にもなるし、利益が急に増えたときの緊急の節税にもなるのだ。

日本の所得税は累進課税になっており、所得が大きい人の方が税率が高くなるという仕組みになっている。だから所得（給料や報酬）は、一人でたくさんもらうより、家族で分散した方が、全体の税金を安くすることができる。

たとえば、1000万円の所得を経営者1人の報酬として受け取った場合と、家族4人に分散した場合を比較してみたい。

1000万円を一人でもらった場合、所得税だけで200万円程度はかかる。住民税を合わせると、300万円ほどになる。

しかし、1000万円を経営者が400万円、妻が300万円、両親などの親族が150万円ずつ給料や報酬として受け取った場合は、所得税、住民税を合わせてもだいたい50万円以下で済むのだ。

実際に、このような節税策を施している事業者はいくらでもある。

詳しくは後程述べるが、家族の場合は、従業員としても使いやすい。ちょっとした仕事があれば従業員にできるし、給料が払えなくなれば、簡単に給料を下げることができるし、辞めさせることもできる。

また、会社が急に儲かって、このままでは多額の税金を課せられるというときに、社員になっている家族にボーナスを払って会社の利益を吐き出すことができるのだ。

さらに大きな税金を減らしたいときには、非常勤役員にしている家族を辞めさせて退職金を払うという大技もある。

「税金を減らすには予防が大切」

次に「税金を減らすには予防が大切」である。

事業者にとって税金を払うことほどバカバカしいことはない。せっかく儲かっても、税金で4割が取られてしまうのだ。

これまで、利益を出すことに四苦八苦して、やっと利益が出たと思えば、その大事な大事な利益が税金に取られてしまうのだ。

だから、事業者としては、利益を出すことも大事だが、その先のことを考えなければならない。

思った以上に利益を出すことは、事業者としては、避けるべきなのだ。自分が想定している

正しい脱税とは？
個人事業者向け
経営者向け
共通

以上の税金は、払うべきではない。税金とは費用対効果がまったく認められない支出なのだ。

税金で痛い思いをする人（経営者）の特徴として、「税金が高いということを、決算期が終わってから気づく」というものがある。

税金は、通常、決算期が来たときに確定してしまう（個人事業者であれば12月末）。**税金というのは、確定してしまった後からはなかなか減らせないようにできている。**だから節税策というのは、税金が確定する前に施すのが基本なのだ。

そんなことは当たり前じゃないか、と思う人もいるかもしれない。でも多くの人は、この当たり前のことがなかなかできないのだ。

脱税で捕まる人に、賢い人はほとんどいない。

税金が確定するまでそれを放置していて、税金が確定してからその大きさに驚いて、無理やり税金を少なく申告してしまう。それが脱税となるわけだ。実際、税務署が摘発する脱税のほとんどは、駆け込み型の脱税なのだ。

なので、節税をするならば、遅くとも決算期までにしなければならないのだ。決算期を過ぎても、貸倒引当金の設定など、節税方法もあるにはあるけれど、大半の節税策は使用不可能になる。

だから、なんとか、決算期が来る前に動き出すことである。

事業者は、日々の経営に忙しく、税金のことが意識からすっぽり抜け落ちていることが多い。

しかし、そういうことがないように、大きな利益が出れば、それに相応する大きな税金を払わなければならないことを、念頭に置いておきたい。

「常にだいたいの税金額を把握しておくべし」

次は「常にだいたいの税金額を把握しておくべし」である。

中小企業の経営者、フリーランサーの方々というのは、日々の事業運営に忙しいものである。

営業のこと、仕事の進行のことで、頭がいっぱいだと思われる。

だから、実際自分が今どのくらい儲けているのか、利益が出ているのか、わからなくなっていることも多いようだ。

金がないときは金策に走り回り、お金がたくさん入ったときには、会社がやたら儲かっているような気になって、無造作に使ってしまう。

そのことが「後で税金のことで頭を悩ませる」要因になることが多いのだ。

先ほども述べたように「正しい脱税」の第一は予防である。

でも、この予防がなかなかできにくい。

経営者というのは、会社の日々の運営、資金繰りで精一杯であり、税金のことまで頭が回らないことが多いからだ。

だから本書は、日ごろ節税をしていなくても、決算ギリギリになってもできる節税方法も紹介している。

ただし、ギリギリになればなるほど講じられる策は限られてくる。

決算期を過ぎると、節税策はほとんどなくなる。

税金は一度確定すると、もう変えようがないのだ。

だから、少なくとも決算期まで、個人事業者の場合には12月末までには、何らかの策を講じるべきなのだ。

経営者、フリーランサーの方は忙しいだろうけれども、少なくとも、今、自分がどのくらい儲かっているのかくらいは把握しておきたい。

具体的に言うならば、簡単な損益計算書くらいは、毎月つけておくべきだろう。

これがあるのとないのとでは、税金対策がまったく違ってくる。

このままいけば税金がどのくらいになるのかだいたいの推測がつくので、早めに税金対策を行なうことができるのだ。

損益計算書といっても、ちゃんとしたものをつくる必要はない。今、売上がいくらくらいになっていて、経費がいくらくらいかかっているか、ということがわかればいい。小遣い帳と同じである。それをいつでも見られるようにしておくのだ。

また損益計算書を作ると、経営や金策の方法にも大きな違いが出てくる。

データを見ると、事業が客観的に見えてくるものだ。

自分の頭に入っていると思っているデータでも、実際に表を作ってみると、今まで気づかなかったことが出てきたりするものだ。

事業の利益が上がらないときは、えてして営業力や仕事の能力のせいばかりにしてしまいがちである。でも損益計算書などのデータを眺めていると、意外な要因に気づいたりするものだ。全然利益の上がっていない取引が見つかったり、経費の中で無駄に高いものがわかってきたりするのだ。

小遣い帳や家計簿をつけるようになると、無駄遣いをしなくなるのと同じことである。

データを作るということは、そういう効果もあるのだ。節税のうまい経営者というのは、必ずそういうデータを持っている。

「節税策は〝合わせ技〟を使うべし」

次に「節税策は〝合わせ技〟を使うべし」について説明したい。

節税策というのは、一つ一つではあまりたいした額ではないものが多い。

「500万円の所得をすぐに減らすこと」などは、なかなかできない。

しかし100万円くらいの所得をすぐに減らせる節税方法はいくらでもある。それを三つ四つ組み合わせれば、500万円の所得を消すことになる。

たとえば、「10万円未満の固定資産」「消耗品」「前払い費用」、この三つの節税方法はいずれも、せいぜい200万円までが限度である（この三つはいずれも後述）。しかし三つをみな使えば、500万円くらいまでの節税は十分に可能なのだ。

つまりは**たった一つの節税方法で、節税を完成させようと思っては駄目**だということである。

私は元国税調査官で、中小企業の税務調査をたくさんしてきたが、数十万円、数百万円の所得を危ない方法で誤魔化す経営者に限って、オーソドックスな節税さえしていないことが多いのだ。

自分にできる方法をしっかり利用すれば、かなり税金は安くなるのだ。

また税金を逃れるには、**「緊急避難型」**と**「恒久型」**の2種類がある。

「緊急避難型」というのは、今期の利益を翌期以降の利益に振り替えるなどをして、とりあえず当座の税金を少なくするというものである。

たとえば、経営セーフティ共済などがこれにあたる。

経営セーフティ共済というのは、取引先の倒産などに備えるため、毎月20万円を限度に、総額800万円までを積み立てることができるという共済である（詳細は後述）。共済の掛け金はすべて事業の経費に計上することができる。また前払いもできるので、決算月に1年分の前払いを行えば、240万円もの所得を一気に削ることができる。

しかし、この経営セーフティ共済は、積立金を払いだしたときには、所得に加算しなければならない。だから、所得の先送りをしているにすぎないのだ。だから、一時的に所得を減らす「緊急避難的な節税」というわけである。

一方「恒久型」の節税策というのは、本質的な節税であり、すでに完結したものである。たとえば家族従業員への給料の分散などである。

会社の利益を、給料として家族従業員に分散して支給すれば、会社や個人事業者の節税にもなる（詳しくは後述）。そして、これは完結した節税策なので、経営セーフティ共済のように、後で所得に加算されるということもない。

もちろん、節税策としては「恒久型」の方が優れているといえる。けれど「恒久型」の節税策はある程度準備が必要なので、期末に即効性が必要なときにはあまり役には立たない。

しかし、**「緊急避難型」と「恒久型」をうまく組み合わせることで、急なときにも対応できる**し、長い目で見ても税金を安くすることができるのだ。「緊急避難型」で当座の税金を回避しておいて、後でゆっくりと「恒久型」の節税策を施せばいいというわけだ。

「脱税で捕まるのはバカ」

最後に「脱税で捕まるのはバカ」について説明したい。

当然のことながら、本書では違法行為としての脱税を推奨するわけではない。

よく、「節税の延長が脱税」などという人がいるが、この言葉は事実ではない。

法律上の「脱税」と節税の間には明らかな一線があるのだ。

それは、法を犯すかどうかということである。

本当に悪い奴は、法律のギリギリをついて税金を安くする。**脱税で捕まる人というのは、節税をする知識やテクニックがないのだ。**

そして筆者の経験上、脱税で捕まる人というのは愚かな人が多いものである。

脱税で捕まるというと、頭のいい人のような印象があるが、本当はそうではない。経理に疎い人が、やむにやまれず手を出してしまった、というものがほとんどなのだ。

たとえば、私が税務調査に行ったところにこういう会社があった。

その会社は、健康食品の販売業。

健康食品というのは、妙な商品である。

流行すれば、すごく売れる。しかし流行しなければ、まったく売れない。いわばバクチ性の高い業態である。

そして健康食品は仕入値がすごく小さいものが多い。だから、一発当てれば、すごく儲かるのだ。ただし、なかなか当たらない。

その健康食品会社も、それまでずっと当たっていなかったのだけれど、前年くらいにすごいヒット商品が出た。ヒットが出たら、莫大な利益が出る。

そうなると、当然、税務署が目をつける。税務署というところは、その点、目ざといのだ。

しかし、その会社は、今までずっと儲かっていなかったので、税金対策の知識はほとんどなかったのだ。

そして、その会社の社長は決算期になって、莫大な税金が課せられることに気づき、唖然とする。

「これではたまらない」

と思った社長は、無茶な節税をしてしまった。つまりは、違法脱税である。

この社長のとった〝節税策〟というのは、近所の神社に広告を出したなどとして、多額の架空の経費を計上するというものだった。

こういうものは、税務署が相手先に確認すれば、簡単に発覚してしまう。調査官が神社に行って、「○○さんから８００万円もらいましたか？」と聞けばいいだけなのだ。神社側も、もらった額を正直に言わなければ、自分が隠しているのではないかと疑われてしまうので、正確な金額を教える。

これは極端な例ではあるが、税務署から指摘される脱税というのは、だいたいこんなケースが多い。

第3章

寺の住職に学ぶ究極の脱税術

住職は脱税の常習犯

「正しい脱税」の具体的な手順をご説明する前に、寺の住職や、やり手の社長を例にとって、「正しい脱税」とはどういうことなのかを、実感していただこうと思う。

「正しい脱税」をする際には、モデルケースとして寺の住職がある。寺の住職の経済を真似すれば、「正しい脱税」が可能なのだ。

信じられないかもしれないが、実は、寺の住職は脱税の常習犯なのである。

寺の住職というと、仏に仕える身であり、脱税なんて絶対やらないというようなイメージを持っている方も多いかもしれない。

でも事実はまったく逆なのである。

寺の住職というのは、他の業種に比べて非常に脱税が多いのだ。

寺を税務調査した場合、80～90%の割合で、課税漏れが見つかるのである。業種全体の課税漏れの平均値が60%台なので、寺は平均よりも20ポイントも脱税率が高いといえる。

寺の場合、脱税する総額がそれほど大きくないので、起訴まではされず、ニュースなどにはあまり取り上げられない。が、実際は非常に脱税の多い業種なのである。

寺の住職というのは、非常に脱税をやりやすい状況にある。

寺の最大の収入源であるお布施というのは、領収書を発行することはほとんどない。領収書を発行しないということは、取引記録が残らないということだ。

またそのやりとりは密室で行われるので、外部にはまったく見えない。

脱税というのは、こういう状況のときにもっともやりやすいのである。

つまり住職が檀家でお布施をもらい、そのままポケットに入れてしまえば、脱税は簡単に成立してしまうのだ。

つまりは、住職という職業は脱税の〝誘惑〟が多いところなのである。

「脱税の誘惑」が多いといっても、住職は仏に仕える身、そんな誘惑に負けてほしくないものである。しかし、住職も所詮、生身の人間であり、この誘惑には勝てないようなのである。

筆者は、この住職の脱税自体を推奨するわけではない。これは完全に違法行為だからだ。これを真似すれば、税務署にこっぴどく絞められてしまう。

が、寺の住職には、そういう「悪い脱税」とは別の「正しい脱税」のスキームもあるのである。それを順次ご説明していきたい。

寺の税金

そもそも寺の税金とはどうなっているのだろうか?

寺の税金というのは、ちょっと複雑な形態になっている。

寺というのは、ほとんどが宗教法人という組織になっている。そして寺（宗教法人）の宗教活動には、税金はかからない。寺の主な収入は、お布施や戒名料などだが、これには税金は課せられないのである。それらは宗教活動だから、寺本体には税金がかからないことがほとんどなのだ。

そして寺の住職というのは、その寺（宗教法人）から雇用され、給料をもらっているという形になっている。そのため、その給料については、一応、税金がかかることになっている。つまりは、寺の住職は、税務上はサラリーマンに過ぎないのである。

住職は、その寺の収入の中から、毎月、決まった額を給料としてもらうことになっている。その給料には、当然、税金がかかり、寺は、会社と同じように住職の給料から税金を天引きして、税務署に納めなければならない。

しかし寺の多くは、住職が「経営者」となっており、会計などは住職の意のままである。

宗教法人の税務申告は次のようになっている。

収益事業を営む公益法人は、毎事業年度終了後2カ月以内に、確定申告書を所轄の税務署長へ提出しなければならない。宗教活動の他、駐車場や不動産、物品販売などの「収益事業」を行なっていれば、税務署に申告書を出さなければならないわけだ。

◎寺の税金の仕組み

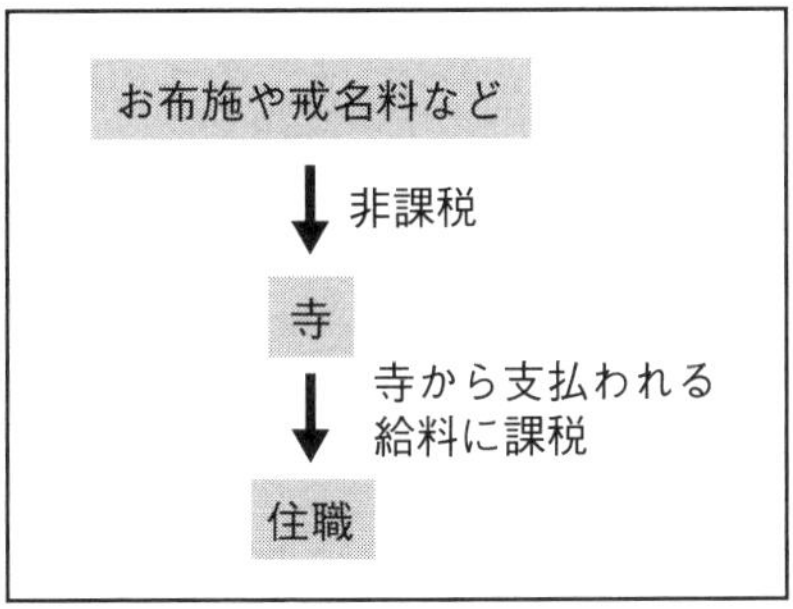

その確定申告書には、収益事業にかかわる貸借対照表、損益計算書だけでなく、収益事業外の全体の貸借対照表および損益計算書を提出しなければならないこととなっている。つまり、「収益事業」を営んでいる宗教法人は、その宗教法人全体の貸借対照表と損益計算書を添付しなければならない。が、裏を返せば、収益事業を行なっていない宗教法人は、その必要はないのである。

本来、宗教法人は、その事業年度の収支計算書を原則として、事業年度終了の日の翌日から4カ月以内に所轄の税務署長に提出しなければならない。

が、年間収入8000万円以下の小規模な法人などについては、収支計算書の提出を要しないこととしている。そして、8000万円の収入金額は、事業年度毎に計算した基本財産などの運用益、会費、寄付金、事業収入などの収入の合計額によるものとされ、土地建物などの資産の売却による臨時的に発生する収入は8000万円の判定に含めないこととされているのである。

つまりは、普通の年間収入が、8000万円を超えなければ、申告書を出す必要はないのである。**寺などの小さな宗教法人は、この8000万円ルールに守られ、申告も収支計算書の提出も不要とされている**のである。

寺の会計などは、一応、檀家などがチェックすることになっていたりはするが、それも形式的なものである。

だから住職が寺のお布施の一部を抜いても、誰にも気づかれないし、とがめられることはないのである。

なぜ小さな寺の住職がベンツに乗っているのか？

さて、ここからが本題である。

辺鄙《へんぴ》な寺の住職が、ベンツなどの高級車に乗っているのを見たことがないだろうか？

よくテレビ番組などでも、地方の古い寺の住職がありがたい話を聞かせた後、高級車で芸能人をどこかに案内する様子が出てきたりする。そういうのを見て、違和感を覚えた人も多いはずだ。

なぜ寺の住職が高級車に乗ることができるのか、と。

そこにはお寺の住職の「正しい脱税」のスキームがあるのだ。

そもそも寺の住職は、経済的に非常に恵まれている。

住職の住居は寺の中にあるので、住居費はほとんどかからない。普通のサラリーマンであれば、自分の給料から賃貸住宅の家賃を払ったり、購入した家のローンを払ったりする。その給料には、当然、税金が課せられている。つまり、税金を払った残りの給料で、住居費を賄っているのである。

しかし、住職の場合、寺に備えられた住居は無料であり、税金も課せられない。**「寺に住むのは宗教活動の一環」とみなされ、非課税とされている**のである。

そして、もし住居に不具合があれば、寺のお金で修繕したりできる。

家具などの調度品も、寺の金から出すことができるのである。日々の生活でも、光熱費などは、お寺と同じ建物なので、相当部分は寺の金で出しているものと思われる。

食べ物も檀家からもらったりするものもけっこう多いので、普通の人よりは食費は安い。

また車なども、住職が乗っている車のほとんどは寺の金で買ったものである。高級車なども、実は寺の金で買ったものであり、住職は一銭も払っていないのである。

つまり、住職の生活の大半は、寺のお金で賄っているのである。


そして、寺というのは、けっこう収入が多いものなのである。

信心深い檀家ではないごく「普通の家」でも、年に数回は法事などをする。一回あたりだいたい5000円以上のお布施がもらえる。一つの檀家から年間数万円の収入を得ることができるのである。檀家が200人もいれば、定期的な法事だけで、300~400万円の収入が得られる。

さらに、お葬式という臨時収入もある。葬式のお布施や戒名などは、普段のお布施よりも一、二桁違ってくる。それらの収入を合わせれば、檀家が２００人もいれば十分にやっていけるのである。

地方の辺鄙な寺の住職が、ベンツに乗っていたりするのは、このためなのである。

フリーターより安い住職の税金

このように、けっこう豊かな経済生活を送っている住職たちだが、では税金をどのくらい払っているかというと、これが本当に微々たるものなのである。

先に述べたように、寺の住職というのは、税務上は「寺という宗教法人に雇われた従業員」という扱いになる。つまりは、サラリーマンなわけだ。

そして、住職は寺から給料をもらっているという建前になっており、この給料は普通のサラリーマンと同じように税金が源泉徴収されるのである。

この源泉徴収される税金というのは、給料の金額に応じて決められる。給料が多ければ源泉徴収額も多いし、少なければ少ない。そして住職というのは、名目上の給料は非常に低いのだ。というのも、住職の生活費全般は寺の経費で賄われるからだ。住居から光熱費、自動車まで寺のお金で整えられる。友達と飲みに行った費用も、交際費として寺のお金で支払われていることもある。

となると、住職自身がもらう給料というのは、少なくて済むわけだ。ほんの小遣い程度の給料であっても、生活は十分に成り立つし、平均以上の生活が送れるのだ。

小遣い程度の給料しかもらっていないということになっているので、必然的に税金も非常に安くなる。フリーターよりも税金が安い、という住職もたくさんいる。

筆者が言う「正しい脱税」とは、このことだ。

生活費全般を誰かに出してもらうことで、自分の給料自体は低く抑え込み、税金を安くする、これこそが究極の「正しい脱税」なのである。

「でも自分は寺の住職じゃないのでそんな脱税はできない」

と思った方もいるだろう。

しかし、この住職の脱税スキームは一般の方にも応用が可能なのである。

実際に、企業の経営者や資産家などでも、自分の名目上の収入は低く抑え込んで税金を極力安くしているという人はかなりいる。

税金を自由自在に操る経営者

筆者の国税での生活の中でも、税務署員でも舌を巻くような、超絶スキルを持っていた経営者をここでご紹介したい。守秘義務があるので、設定等は若干のデフォルメをしている。

この経営者は、寺社などの修理を請け負うＴという会社を経営している。この会社では、毎年10万円程度の法人税を払っていた。

会社というのは、毎年、業績の良しあしがあるわけだ。業績のいいときは、税金が高くなるし、悪いときは低くなるものだ。しかし、Ｔ社では、毎年同じような税金となっていた。

これは、絶対おかしい、何か不正な操作をしているんじゃないか、そう思って私は税務調査に行った。

しかし、私の思惑は大きくはずれてしまった。このT社の社長は、税金に非常に詳しく、税金を自由自在に操っていたのだ。

T社の社長は、別に簿記や会計士の資格を持っているとか、有名大学の経営学部出身などというわけではない。工業高校を出て、職人になってから、独立をして会社をつくった人である。T社の社長は、事業をやっていく上で、税務上の様々な知識を身につけ、調査官も舌を巻くほどの「節税の達人」になったのだ。

彼は、決算書を正確には読めない。しかし、原価計算や、損益計算などは、きっちりできる。

そして、**自社の利益や、税金に関する計算は、非常に綿密に行う**のだ。

なので、税金を自由自在に操ることができるのである。

「儲かれば税金がかかる」ということを頭に入れておく

T社の経営者が、税金に強いのには、秘訣があった。彼は小さな手帳をいつも持ち歩いていた。

その手帳には、ぎっしりと数字が書いてあった。毎月の損益計算、一つ一つの仕事にかかった経費などが、細かく書かれているのだ。その手帳を元に、現在の利益ならば、どのくらい税金がかかってくるのかを常に計算していて、税金が高くなりそうな場合は、いろんな節税策を施して、税金を抑えていたのだ。

そのため、毎年10万円程度の税金を払っていたのである。

いっそのこと、税金を払わなければいいと思うのだが、社長によるとそれはダメなのだそうだ。T社は、別に銀行からの借り入れなどがないので、赤字にしたっていいはずだ。

「そのうち公共事業をするかもしれないので、赤字だったら困る」

ということなのだ。

T社が、自由自在に税金を操っている最大の要因は、この毎月の損益計算にある。T社の経営者は、自社の利益がいくらか常に頭に入っている、税金の額も頭に入っている、それが節税につながるのだ。

というのも、節税が下手な経営者というのは、えてして期末になってはじめて、莫大な税金がかかることに驚き、あわてて節税をする、というケースが多いからだ。

経営者ならば、いつの時点でも、今、現在どのくらい利益が出ていて、税金はどのくらいになるのかを把握しておきたい。

「利益の額」は細部まで明確になった「完全な数字」を出す必要はない。だいたいでいいのだ。

「今の時点で、今年は500万円くらい儲かっている、だとしたら、税金は150万円くらいかかるなあ。なんとかしなければ」

という具合に、である。

もちろん、正確に越したことはないが、大切なのは、今期の収益のおおまかな流れをつかむことなのだ。

そして、流れをつかんだなら、税金が多くなりそうなときには、上手に節税策を施すのだ。

次項からは、T社が施していた節税策の数々をご紹介していきたい。

家賃や保険料を1年分前払いする

Ｔ社の帳簿を見ていると、私は妙なことに気づいた。

Ｔ社では、年間ずっと高い利益が出ていたのだが、期末になるとその利益ががくんと下がっているのだ。

なぜ、急に利益が下がったのか、私は原因を探した。すると、あることに行き当たった。**期末に多額の家賃や保険料が、計上されている**のだ。

私は、さっそく社長にこのことを追及した。

「なぜ期末になって、家賃や、保険料がこんなにたくさん計上されているんですか？　日ごろは、家賃の計上なんかないのに」

社長は何食わぬ顔で答えた。

「それは事務所の家賃と火災保険料ですよ。１年分前払いしたのです」

私はびっくりした。

普通、経費というのは、その年にかかったものしか計上できない。翌年の経費は、翌年に計上すべきである。

だから、もし前払いしたのなら、それは翌年の経費に計上させるべきなのだ。会計の基本中の基本である。こんなことも知らないのか、と私は社長を問い詰めた。

「社長さん、前払いの家賃は、今期の経費には計上できませんよ。来期の経費にしていただかないと」

　すると社長は、「えっ」というような顔をして、私を見つめた。

「1年分の前払い費用ならば、経費に計上できるはずですが……これは税理士の先生も言っておりましたし、今までの税務調査でもとがめられたことはありません」

　私は、面くらった。

　そういうことがあるのか？

　私は、当時まだ経験も知識も浅い駆け出しの調査官だった。その年の経費は、その年に計上するということは、常識だと思っていたので、まさか、そんな経理処理があるとは、思ってもみなかった。

　そんなはずはない、と思ったが、社長の微塵もゆるぎない表情を見ると、なにか自分が間違っているような気持ちになってきた。

「税務署に帰って検討してみます」

　私は、ようやくそれだけ言い返した。

　税務署に戻って、先輩に聞いてみると、確かに一年分の前払いは、その年の経費に計上できる場合もあるということだった。

　経費勘定の中には、1年分前払いすれば、それが経費と認められる項目がいくつかあるのだ。

家賃、火災保険料、信用保証料などだ。

これらの経費を1年分前払いすれば、**当期の経費が増えて、税金を安くすることができる**のだ。

たとえば、会社の家賃12万円を期末に1年分前払いしたとする。合計１４４万円が、その期の経費に計上できるのだ。

ただしこの経理処理には、いくつかの条件がある。

まず、1年を超える前払いは経費としては認められない。もし、1年を超える前払いをしていれば、単に1カ月分のみの経費としかできないのだ。

また決算期後にこの操作をしても、前払いとは認められないので、決算期前に行わなければならない。

そして一度この会計処理をすれば、毎年同じ会計処理を行わなくてはならない。つまり家賃を1年分期末に前払いすれば、翌事業年度も期末に1年分前払いしなければならないのだ。翌年は節税でもなんでもなく、単に1年分の家賃が経費に計上されるだけである。

T社では、この条件をすべてクリアしていた。

つまり、T社は、合法的な節税方法で、期末の利益を大幅に節税していたのだ。

家族に給料を分散する

T社は、法人税を安く抑えているだけではなく、社長個人の所得税も非常に安かった。でも家はけっこう大きくて、車もいいのを持っている。生活レベルとしては、全然、私よりは上で、金持ちといってもいい。

なぜこういうことが起きるのか、というと……。

このT社は、家族企業の利点を十二分に生かしていたのだ。

家族企業の最大の利点は、家族をみな社員にして人件費を分散させることである。個人の税金は、所得が増えるほど税率が高くなる「累進課税」となっている。だから、一人が高い給料をもらうよりも、少ない給料をたくさんの人数でもらう方が、税金は断然安くなるのである。

T社では、経営者と経営者の妻、父、母と4人の家族が社員となっていた。これで、給料は4者に分散されるわけだ。一人に200万円払ったとしても、社長の報酬と合わせれば合計で1000万円である。さらにこの会社では高校生と中学生の子供が、休みのときにはアルバイトにくる。子供の小遣いも会社が賄っているというわけだ。

1000万円といえば、一介のサラリーマンならば高給取りの部類に入る。でも一人一人の収入は少ないので、税金はあまりかからない。この家族の税金の合計は、私ひとり分の税金よりも少なかったのである。

なんとも癪にさわる話ではある。

芸能人が売れてくると、自分で会社をつくって身内を社員にするのは、この節税方法を使うためなのだ。

期末に利益が出たら家族社員にボーナスを出す

このT社、さらに賢いことには、期末に利益が出た分だけ家族の社員にボーナスを払っていたのである。

経営者がボーナスをもらえば、役員賞与ということになり、税務上経費とはできない。会社で働いている妻にボーナスを払おうと思うかもしれない。が、これもNGである。妻の場合、役員になっていなくても、会社の経営に関与しているとみなされ、妻へのボーナスは、役員賞与とされる傾向にある。特に、妻が経理を担当しているような場合は、妻にボーナスを払うことはまず無理である。

その代わりに、自分や妻以外の社員にボーナスを払うのは問題ないのだ。役員ではなく、経営に関与していない家族ならば、普通に社員として扱われるのである。

そのためにも、家族を会社の社員にしておくと便利なのである。**利益が出たときには、家族社員に対してドーンとボーナスを出せばいい**のだ。

これは中小企業としては、必須の節税策ともいえる。

ただし、気をつけなくてはならないのは、家族以外の社員がいる場合、家族社員にだけボーナスを出せば、それは否認される可能性が高い、ということだ。給料、ボーナスは、すべての社員に公平な条件で支給しなければならない。歩合や業績を基準にするという手もあるが、それをしたとしても、家族社員にだけ支給というのは、ちょっと難しい。

税務署に文句を言わせない家族への給料

中小企業では、家族を社員にして給料を分散するべしと述べてきたが、気をつけなくてはならない点もある。

昨今では、**経営者の身内に対する給料が、厳重にチェックされるようになっている**からだ。まったく仕事をしていないのに給料を払っていたり、仕事の割に不当に高い給料を払ったりしていれば、税務署から否認される恐れがある。

でも怖がる必要はない。

ちゃんと手順を踏んでさえいれば、税務署は否認できないからだ。

家族に給料を払う場合は、なんらかの業務を与え、仕事をしているという証拠を明確に残しておかなければならない。普通に社員を雇うときと同じように、である。

この会社の場合、現場は社長と父親の二人でやって、経理は妻がしており、母親が事務所の清掃やお茶だしなどをしていた。

正しい脱税とは？
個人事業者向け
経営者向け
共通

で、仕事の内容に比べて給料が高いかどうかの区分だが、実は、税務上、明確な区分はない。儲かっている会社ならば、ちょっとした仕事でも多額の給料を払っている場合もある。仕事に対してどのくらいの給料を払うべきか、という明確な基準はないのだ。税務署としても、よほど世間的なずれがない限り、給料が多すぎるということで否認するのは難しいのだ。

考え方としては、「その仕事で人を雇った場合、どのくらいの給料を払うか」ということになる。些細な仕事で1000万円などを払っていれば、それは高いということになるが、200~300万円程度ならば、ほとんど問題にならない。「お茶くみ」とか事務所の清掃程度の仕事であっても、もし派遣社員などを雇えば、そのくらいの給料を払わなくてはならないからだ。もっと内容のある仕事、会社の業務に従事したり、経理、秘書的な役目をしていたりすれば、もっと高い給料を払っても問題ない。

要は、**その業務を家族以外の人に頼んだ場合、どのくらいの給料がかかるか、ということを参考にすればいい**、ということである。そして、その額を若干上下するくらいなら、税務署は否認できない、ということだ。

報酬や退職金でこんなに節税。身内の非常勤役員を賢く使う

さて、このT社はさらに、さらに賢いことに、叔父を監査役として非常勤役員にしていた。毎月10万円、年間120万円。この程度の報酬であれば、会社にほとんど来ないとしても、税務署としては文句のつけようがない。

会社に非常勤役員を置いておくことは、非常にメリットがあることなのだ。

この会社の場合、報酬だけで会社の利益を120万円も減らすことができる。この120万円は身内に行くわけだから、身内に会社の金を残すことができるわけである。

小さな会社であれば、120万円も利益を減らせば相当な節税になる。

また会社が予想以上に大きな利益をえた場合は、非常勤役員を退職させ、その退職金を払うことで節税する、という方法も使える。非常勤役員でも退職金ならばそれなりの額を出すことができるのだ。

勤務年数にもよるが、10年程度勤務していれば、1000万円程度は出せる。なので、会社

をつくったときに、家族や親族など近しい人を自社の非常勤役員にしておきたい。

役員報酬は多めが基本

中小企業の経営者の方というのは、えてして自分たちの報酬を低く抑えがちである。

会社を始めたばかりのころは、会社が軌道に乗るか不安を持っている。報酬を上げると、会社が苦しくなるように思ってしまう。

だから自分の報酬は低く抑える。自分の報酬を上げるのは会社が軌道に乗ってからでいい、というわけだ。

でも、これは税務上、非常にバカバカしいことなのだ。

社長報酬というのは、年度の途中で増額することはできない。

会社が軌道に乗って儲かってから自分の報酬を上げようと思っても、次の年度まで上げられない。

ということは、会社が儲かると、その儲かった分はすべて利益に計上されてしまう。そして利益の30～35％は、税金で持っていかれる。

つまり、せっかく儲かっても、儲かった分の３割以上を税金で取られてしまうことになるのである。

だから「正しい社長報酬」というのは、額を少し多めにしておくことだ。会社の最低限の業績を基準にするのではなく、**会社がマックスで儲かったときを基準にして、社長報酬の額を決める**のである。

会社の事業が思ったようりうまくいかずに「こんなに高い報酬は払えない」という状態になれば、減額するか未払いにしておけばいいのである。社長報酬を減額するのも、一定の手続きが必要だが、税務署がそれをとがめることはまずない。経営が厳しい企業が役員報酬を下げるのは当たり前のことなので、税務署もこの点は厳しいことを言えないのである（ただし、減額した場合でも、その期中は一定の額にしておかなくてはならない）。

役員報酬を多めにしておけば、会社が思った以上に儲かったとき、急に税金で悩まなければならない、というようなことがなくなるわけだ。

社長の税金を減らすウラ技「小規模企業共済」

さて、先ほどから紹介しているT社の社長、家族に給料を分散しているといっても、400万円の報酬をもらっている。年収400万円で、奥さんも働いているのであれば、普通はそれなりに税金がかかる。

でもこの社長さん、当時、安月給の国家公務員だった私よりも税金は少なかったのである。なぜかというと、中小企業の社長の税金を減らすウラ技を使っていたのである。どういうことかというと、**「小規模企業共済」**に入っていたのである。

小規模企業共済というのは、小規模企業（法人や個人事業者）の経営者の退職金代わりに設けられている共済制度である。

毎月、お金を積み立てて、自分が引退するときや事業をやめるときに、通常の預金利子よりも有利な利率で受け取ることができるものである。**自営業者を対象としたもの**である。が、**中小企業の経営者、役員やフリーランサーやSOHO事業者も当然加入できる。**

この小規模企業共済は、月に１０００円から７万円まで掛けることができるのである。しかも、掛け金の全額を所得から控除できるのだ。

この社長は、月７万円を掛けていたので、年間84万円が所得控除されていた。だから、年収400万円引く84万円で、３１６万円の収入ということになっていたのである。

この小規模企業共済は前納することもできる。そして１年分以内の前納額は全額が支払った年の所得控除とすることができるのだ。

だから年末に月々７万円の掛け金で加入して、１年分前納すれば、84万円もの所得を年末に一気に減らすことができるのだ。

小規模企業共済の難点は、預金と違って自由に引き出すことができない、という点である。原則として、その事業をやめたときか、退職したときにしか受け取ることができない。

事業が思わしくなったときや、いざというときには、事業を廃止したことにすれば、もらえる。事業を廃止しなくても解約できるが、その場合は、給付額は若干少なくなる。

また、事業を法人化したときにも受け取れるので、法人化への資金として貯蓄する場合にも使える。

掛け金の７～９割程度を限度にした貸付制度もあるので、運転資金が足りないときには活用できる。また共済金を受け取った場合は、税制上、退職金か公的年金と同じ扱いとなり、ここでも優遇されている。

第4章

個人事業者は
どんぶり勘定で税金を逃れろ！

どんぶり勘定は個人事業者の特権？

本書は、個人事業者や会社経営者などの「事業家」の正しい脱税方法を指南することを趣旨としている。

事業家には、大きく分けて二つの種類がある。

個人名義で事業を行なう「個人事業者」と、会社をつくって行なう「会社経営」である。

実態としては、この二つの形態には違いはない。たとえば商店などで、それが会社になっているのか、個人事業としてやっているのか、外からはその違いはまったくわからないはずだ。

両者の違いは、会社の登記をしているかいないかだけである。

実態としては登記をしているかしていないかの違いに過ぎないが、税金の取り扱いは大きく違う。

両者は、課税される税金の種類から違ってくるのだ。

個人事業の場合は、その事業者の個人の所得税、住民税がかかる。しかし法人事業（会社）

の場合は、法人税、法人住民税などがかかる。

だから、両者の正しい脱税方法を伝授するには、分けて説明しなければならない。

そのため、本章でまず個人事業者の方の正しい脱税を紹介していきたい。

事業を始める場合、最初は個人事業者で行なうのが、もっとも無理がない。会社登記をするのはそれなりにお金がかかるし、経理などの準備が大変だからである。

会社登記をせずに事業を始めれば、自動的に個人事業者という扱いになる。

個人事業者と会社の税務において、一番大きな違いは煩雑さだといえる。**会社をつくれば、節税策も増えるのだが、まず煩雑さをクリアしなければならない。**

会社をつくった場合、経理や税務が非常に複雑になり面倒になる。

しかし、個人事業者はそれほどではない。会社と比べれば税務署に提出する書類なども圧倒的に少ない。

また税務署の方も、会社に対しては「経理がきっちり行われているもの」として内容を厳しく精査する。しかし個人事業者に対しては、「それほどきっちり経理は行われていない」ということを前提に申告書を精査する。

個人事業者の中には、帳簿らしい帳簿をつけておらず、ほとんどどんぶり勘定で申告をしている者もいるのだ。

さすがにそれは真似はできないにしても、**個人事業者は会社よりも経理に関して緩い**ことは間違いない。**経理の緩さは、個人事業者の特権ともいえる**のだ。個人事業者はこの特権をうまく使うべきだろう。

白色申告のススメ

個人事業者として事業を行なう場合、青色申告にするか、白色申告にするかという問題がまず出てくる。

国や税務署は、青色申告を薦めている。税金入門書のほとんども、青色申告を薦めている。だから、個人事業者の中には、何の疑問も持たずに青色申告を選択している人も多いようだ。

しかし、税務の現場にいた者から言わせてもらえば、小規模事業者は、青色申告よりも白色申告の方が有利だといえる。

なぜなら青色申告というのは、「きちんと帳簿をつける見返りとして、若干の税金割引をします」という制度だからだ。この「きちんと帳簿をつけること」というのが、経理初心者の人には非常に大変なのだ。

たとえば、あなたは複式簿記とはどういう意味かわかるだろうか？

会計の勉強をしたことがない人はわからないだろう。

青色申告の場合、原則としてこの複式簿記をしなければならないのだ。

普通の人が、経理としてイメージしているのは、売上から経費を差し引いて利益を算出するというものである。小遣い帳とだいたい同じ要領である。これならば、普通の人でも、できないことはないだろう。しかし、この帳簿は複式簿記ではなく単式簿記である。

複式簿記というのは、単式簿記に加えて、資産の増減を取引ごとに記帳し、最終的な資産残高を算出するのだ。そして、資産の増減と利益額がぴたりと一致するようにしなければならない。

もし、これを読んで何がなんだかさっぱりわからない、と思ったのなら、青色申告はやめた方がいい。

白色申告ならば、とりあえずそんな面倒な帳簿はつけなくていいのだ。そして、白色申告の場合、帳簿が不備であっても、ペナルティーがあまりないのだ。

青色申告のメリットとデメリット

青色申告と白色申告の具体的な特徴を簡単に説明したい。

青色申告というのは、一定の要件を満たした納税者が、自分で「青色申告を選択します」という届出を出して、税務署からそれが認められた場合に可能となる申告方法である。

白色申告とは、青色申告の届出をしていない人の申告方法である。本当は白色申告という呼び名はないのだが、申告書が白なのでそう呼ばれているのだ。

青色申告の主なメリットは、次の通りである。

①65万円の所得控除が受けられること（電子帳簿の作成もしくは電子申告をしていない場合は

55万円。簡易記帳の場合は10万円）

②家族を従業員にした場合、その給料が普通に払えること（白色の場合は86万円まで）

③事業の赤字を3年間繰越できること

このメリットを順に説明していきたい。

①の所得控除の65万円というのは、単純に所得から65万円を差し引けると言うことである。が、それほど魅力的なものではない。

税率10％の人ならば、節税額は6万5000円であり、住民税と合わせても10万円程度である。青色申告の場合、経理に大きな負担がかかり、場合によっては税理士に頼まなくてはならないので、10万円の節税では元が取れないのだ。

②の家族に給料が払えることはけっこう魅力がある。家族に給料を払って収入を分散すれば、税金は大きく軽減できるからだ。

また③の事業の赤字を3年間繰り越せるというのも、それなりに魅力がある。以前に大きな赤字があれば、それを繰り越すことで税金を大幅に減らすことができるからだ。

青色申告のメリットは、この二つに絞られるといえる。

次に青色申告のデメリットを述べたい。

正しい脱税とは？
個人事業者向け
経営者向け
共通

①記帳が大変であること
②税法の制約が厳しくなること

以上の2点が青色申告の大きなデメリットである。

①記帳の大変さについてだが、青色申告は原則として複式簿記を行い、関係帳簿をほぼ完全に整備しておかなければならない。

これは、会計初心者にとっては、かなり大きな負担である。税務署や青色申告会（税務署が肝いりで作った会計指導団体）などでは、記帳の指導も行なっているが、複式簿記を素人が自分だけで作るのは事実上無理であり、税理士に頼む必要が生じると思われる。

青色申告の制度には、簡易な記帳の方法も認められているが、これもそれなりに難しい。そして簡易な記帳では、所得控除の特典が65万円ではなく、10万円になってしまう。つまり税率が10％の人ならば、たった1万円の節税にしかならない。

青色申告で簡易の記帳を選択するくらいならば、正式の青色申告にした方がいいだろう。

また②の税法の制約が厳しくなることについてだが、これはどういうことかというと、青色申告の場合は、きちんと帳簿をつけているというのが原則なので、ちょっとした誤りでも、不正計算とみなされ、重加算税の対象となりやすくなるのだ。

白色申告ならば、「うっかり忘れていました」という言い訳が可能だが、青色申告の場合は、そういう言い訳ができず、故意に税金を逃れたとして重加算税などをかけられる可能性が高くなる。

このように青色申告はいいことばかりではないのだ。

白色申告のメリット

では次に白色申告のメリット、デメリットをご紹介したい。

白色申告の最大のメリットは、なんといっても記帳や経理の負担がそれほど大きくないということだ。

白色申告にも記帳の義務はあるが、売上や経費に関するものだけであり、小遣い帳をつける程度のレベルで可能である。青色申告の複式簿記と比べれば段違いに負担は小さい。また電子帳簿作成などの義務もない。

これは事業を始めたばかりの人や小規模事業者にとっては非常に利点だ。小規模事業者にとって、記帳や税金の計算にまではなかなか手が回らないからだ。

白色申告のデメリットは、赤字の繰り越しができないこと、家族への給料支払いが限られていること、である。

白色申告でも、家族従業員への給料は一定額認められている（妻の場合は86万円まで、妻以外の家族では50万円まで。ただし家族への給料は、事業所得の半分以下とすること）。

ただ家族への給料を規定以上に支払った場合、経費として認められない代わりに、もらった家族には事実上税金がかかってこない。だからどんぶり勘定でやっている家族事業者などは、白色申告の方が有利になっているケースが多いのだ。

このように白色申告は、青色申告に比べて決して不利だとはいえないのだ。

青色申告を選択する要件として、次の3点を挙げられる。

①記帳や経理について、しっかりできるというメドがついており、細かい節税策を講じる用意がある

②多額の所得が見込まれ、家族にたくさんの給料を払いたい

③赤字が見込まれる年が頻繁にある

この3点のうち、一つでも該当するものがあれば、青色申告は有利であり、そうでなければしばらくは白色申告でいいのではないか、と筆者は考えている。

青色申告は税務署の利権

税務署が青色申告を強く推奨するのは、帳簿をきちんとつけさせたいということとともに、もう一つ大きな理由がある。

それは**税務署の利権を確保したい**、ということである。

青色申告を選択すれば、自分では決算を組むことができずに、税理士に依頼することになる場合が多々ある。実は税務署はそれを狙っているのだ。

というのも、税理士の半分以上は税務署のＯＢなのである。

税務署員は、23年間税務署に勤務すれば、税理士の資格をもらうことができる。だから、ほとんどの税務署員は定年後、税理士になる。

税理士という職業自体が、税務署ＯＢの定年後の仕事を確保するためにつくられた資格だともいわれている。

もともと会計のプロには「公認会計士」という資格がある。公認会計士は、あらゆる企業の決算書を作ったり、税務申告をしたりする資格を持っている。だから、普通に考えれば、会計の資格は公認会計士だけで済むはずだ。なのに、わざわざ税理士という資格をつくっているのは、特別な理由があるのだ。まあ有体に言えば、税務署ＯＢの収入を確保するために、中小企業専門の会計士として「税理士」という資格をつくったのだ。

諸外国でこんな制度をもっているところはほとんどない。たいがいの国は、会計士だけである。

しかし、税務申告が簡単で誰にでもできるものであれば、税理士の仕事はなくなってしまう。だから、わざと申告をややこしくして、税理士の仕事をつくっているのだ。事業者側から見れば無駄な事この上ない。

だから、小規模事業者が無理をして、青色申告にするということは、税務署の罠にまんまとひっかかるようなものなのだ。

売上１０００万円以上の人は青色申告をしよう

本書では、これまで白色申告を薦めてきた。

しかし、事業規模がどんどん大きくなっていくと、いつまでも白色申告では不利になることもある。

事業が拡大して、売上が増えれば、白色申告といえども記帳をきちんとしなければならなくなる。つまり、白色申告の最大のメリットである「テキトー」ができにくくなるのだ（それでも青色申告よりは楽だが）。

どうせ記帳をきちんとしなければならないのなら、いっそ青色申告にしてしまった方がいいというものである。

また、個人事業の青色申告を通り越して、会社組織にするという手もある。筆者の感覚から言うならば、青色申告にするくらいなら会社組織にした方がいい。どうせ経理の手間は同じくらいかかるので、節税の幅が広がる会社組織の方が有利だといえるのだ。

なにはともあれ、**白色申告をやめるメドは、だいたい売上が1000万円を超えるとき、と考えればいいだろう。**

売上帳は簡易なもので可

白色申告であっても、税務申告はしなければならないわけで、一応の決算書らしきものも作らなければならない。

経理初心者の人にとっては、非常に面倒くさい話かとは思われる。ただ、白色申告で必要な決算書はそう難しくない。小遣い帳をつける程度の難易度といえる。

まずしなければならないことは、1年間の売上をきっちり把握することである。

事業者の税金というものは、基本的に「売上」から経費を差し引いた「利益」に対してかかってくる。だから、まずは売上をきちんと算出しなければならないのだ。

まあ、売上というのは、経営者が一番気にしている数字だから、大方の事業者の方は、言われるまでもなく、売上については把握されていると思われる。

しかし、もし、自分が今年どのくらい売上があったかわからない、という人は、まず自分の売上をチェックしてみてほしい。売上は、税金の申告をする上で、最低限の必要情報である。

これがわからなければ、申告をするのは難しい。

また売上がどのくらいあったかというのは、今後事業を続けていく上でも大切な情報である。

だから、まずは売上をきっちり把握しておきたい。

やり方は簡単である。

売上があった時点で、その数字をどこかに残しておけばいいのだ。そして1年が終わった後、それを集計するのだ。

もし売上が、銀行振り込みになっている人は、売上振込用の口座を一つにまとめると、その通帳が売上帳代わりとなる。収入が銀行振り込みではなく、現金商売などの人は、売上金を一つの通帳に預金しておくといい。そうすれば、その口座の通帳がそのまま売上帳となるからだ。

またその通帳から経費の振り込みをしたり、水道光熱費などを銀行引き落としにすれば、わざわざ領収書を集めなくても、その通帳が帳簿代わりになる。

もちろん、日々の売上を集計して、毎日売上帳をつけるのも可である。ここで言う売上帳は別に、「正しい帳簿」じゃなくて大丈夫である。ノートとかメモ帳に記しても構わない。ただ、「何月何日が何円」というのが明確にわかるようにしておかなければならない。

税務申告の際には、この売上だけは、きちんと正確に計上しておかないとならない。もちろん、本来は他のことも正確にしなければならないのだが、**優先順位からいうならば、売上は絶対に最上位になるのだ**。他のことは、いい加減であっても、売上だけは、きちんと計上すべきなのだ。

というのは、税務署は売上に関しては、広く情報を収集している。あなたの取引先からも資料をもらっていて、あなたに対する支払いの情報を持っているかもしれないのだ。だから、売上をごまかした場合は、発覚する可能性が高い。

そして、**売上をごまかした場合、税務署は非常に厳しい**。

もし1個でも、売上に計上していない収入が税務署に見つかった場合、税務署は「他にもあるだろう?」ということで、血眼になってあなたの商売を調査する。そんなことになると、非常に面倒である。だからくれぐれも売上は正確に把握し、正確に申告するべきなのだ。

個人事業者は交際費が使い放題

個人事業者が税金を逃れようというとき、まず活用したいのが**「接待交際費」**である。

接待交際費というのは、その名の通り仕事に関連した接待交際にかかる経費のことである。

事業者が、税金の上でもっとも得になるのがこの接待交際費といえる。特に酒好き、社交好きの人は、**自分の遊興費の多くを「接待交際費」として事業の経費に計上できる**ので、要チェックである。

接待交際費を自由に使うというのは、サラリーマンにはできない特権のようなものだ。サラリーマンは、なかなか会社の金で飲み食いをすることはできない。自営業者や経営者だけが、事業の経費を自由に使って飲み食いできるのだ。

「接待交際費といっても、うちは取引先を接待なんかしない」

という事業家もいるかもしれない。

しかし、接待交際費というのは、直接的な取引先の接待だけに限られたものではない。少しでも仕事に関係する人と会食したりしたときには、使うことができる。同業者や従業員を飲みに連れて行ったり、友人と飲んで、仕事の情報を得たりするときは、接待交際費の対象となるのだ。

知人と会食したり、ゴルフをしたりするときも、少しでも仕事に関係する相手ならば、接待交際費とすることができる。

また社会的付き合いから、やむを得ず参加しなければならない会合などの費用も当然、接待交際費に含めていい。

そして、ここが大きなポイントなのだが、**個人事業者の場合、この交際費の制限がない**のだ。

会社の場合、原則として交際費は税務上の経費にはできず、中小企業でも800万円までしか全額経費にはできない。資本金100億円以下の法人は、交際費の半額しか経費に計上できず、資本金100億円を超える法人やその子会社は、交際費をまったく経費に計上できないのだ。

しかし、個人事業者にはそのような制限はない。つまり、理屈の上では、個人事業者は交際費を無制限に使えるのだ。

この点に気づいていない個人事業者はかなり多い。営業が主体で接待交際費が多い事業などでは、あえて法人化せずに個人で事業を行なうというのもアリだと思われる。

税務署に文句を言わせない交際費

ただし、この接待交際費という経費は、税務署と見解の相違が起きやすいものでもある。

税務署としては、私的経費が含まれているのではないかと常に疑いの目を持っている。仕事とはまったく関係のない、私的な接待交際費であれば経費にできないので、税務署はそれを見つけたいのだ。そしてあの手この手で接待交際費を否認してこようとする。

が、先ほども述べたように、**接待交際費は少しでも仕事に役に立ちそうな交際であれば大丈夫**なのだ。

また接待交際費が仕事に関連するかどうかの明確な基準はない。

その場合、何が判断基準になるかというと、まずは納税者が「交際費と判断したかどうか」となる。

日本は申告納税制度を採っているので、**原則として納税者の申告は認められる**のだ。税務署側が、その交際費を否認するための明確な証拠を持っていない限り、否認することはできない。

また税務署は、「接待交際費が多すぎる」などと文句を言ってくることもある。が、**接待交際費が多すぎるからといって否認できるものではない**。一つ一つの接待交際費が、接待交際費に該当しているのであれば、多すぎるからダメなどということはあり得ないのだ。

だから、税務署が文句を言ってきた場合は、しっかり主張しよう。そして、税務署の口車に乗らないようにしたい。

ただし接待交際費について、税務署の目が厳しいことは確かなので、領収書や相手先などの記録はきちんと残しておく必要がある。

「二次会費用は交際費にできない」という都市伝説

前述したように交際費というのは、明確な線引きはない。どんな費用が交際費で、どんな費用が交際費にならない、という明確なガイドラインというのはほとんどない。

唯一の基準が「事業に関連している」ということだけなのだ。

税務署の調査官によっては、「一次会の費用は認めるけれど、二次会の費用は認めない」などと言う人もいる。だから、会計の都市伝説として、「一次会の費用は交際費にできるけれど、二次会の費用はできない」というようなものも出回っている。これは会計の世界では、昔からよく言われてきたことのようである。インターネットでも、こういうことが時々言われているようだ。

しかし、実は、「二次会以降の費用は会社の経費で落とすことができない」というのは、都市伝説に過ぎないのだ。

取引先などを接待するときの「接待交際費」の条件は、「仕事に関係する接待」ということである。少しでも仕事に関係する接待ならば、接待交際費に計上することができるのだ。

税法上でも、一次会であろうと二次会であろうと、接待交際をしていれば、立派に接待交際費として計上できるのだ。「二次会だけは認めない」ということなど、税法にはまったく書かれていないし、接待交際費の意義から見ても二次会だけ認められないはずはないのだ。

そして、接待交際において計上できる費用というのは、「接待交際においてかかった費用」

である。

「一次会はいいけれど、二次会はダメ」などという縛りはまったくない。だから、取引先などに一次会で飲食を饗応《きょうおう》し、二次会でキャバクラに案内したような場合、その費用はすべて接待交際費に入れることができる。

接待をするときに、一次会だけで終わり、というようなことは少ないはずだ。二次会がある方が普通だといえるだろう。

二次会からは、自腹で払わなければならない、などというのは、絶対におかしい話なのだ。

だから、**税務署の調査官から文句を言われても納税者側が「それはおかしい」と指摘すれば、調査官はそれ以上突っ込めない**。そして、交際費かどうかの判定というのは、それが本当に「接待交際」かどうか、ということだけなのだ。

その接待が事業者にとってなんらかの意義があるかどうかなのだ。

取引先を二次会でキャバクラに招待して意義がないことはないはずだ。

また実際、取引先を高級クラブで接待して、接待交際費で落とすということは、どこでもやっていることなのだ。

高級クラブがOKで、キャバクラがNGというようなことは、一般常識から見てもあり得ないといえるだろう。だから、判断基準として、「その接待が会社にとってなんらかの意義があるかどうか」ということを頭に入れておいてほしい。

それさえクリアしていれば、二次会の費用も事業の経費で落とすことができるのだ。

それにしても、なぜ「一次会はいいけれど、二次会はダメ」などという都市伝説が広まったのだろうか？

昔は、税務署員や会社の経理担当者たちは、けっこうルーズな処理をしていたことがあった。接待交際費なども、社長や社員の遊興費を適当にぶち込んでいたりしたのだ。

税務署員も、それを一つずつチェックするのは面倒だから、二次会と思われる領収書だけをチェックし、「これは本当に接待交際費？」などとしつこく問い詰めたりしたようである。

また一つ一つの取引を精査するのではなく、交際費の総額を見て、

「交際費が少し多すぎるんじゃない？」

などと追及したこともあったようだ。

そういうことが、「二次会の費用を計上すると税務署から否認される」というようにエスカレートしていったのだろう。

だが、こういう税務調査というのは、本来の税法から外れたことなのだ。

税法上、接待交際費に該当するかどうかが問題であって、接待交際費が多すぎるかどうかは、

税務署がとやかく言える筋合いではないのだ。

多すぎであろうとなかろうと、交際費に該当する経費であれば交際費に計上していいのだ。

今の税務署員は、世間の目もあるので、昔のように「無茶な文句」は言わなくなっている。

もし無茶な文句を言ってきたりすれば、ネットでさらされたりするからだ。

あくまで法律に基づいた仕事をしているはずだ。

しかし、稀に今でも無茶なことを言ってくる税務署の調査官もいる。そういう調査官にはきちんと正論で反論した方がいい。

正論で反論されれば、調査官はそれ以上は言ってこない。

新しいパソコンや、いろんなものを買おう!

前項では、儲かったときには接待交際費を使いまくれと述べたが、**自分の欲しかったものな**

どを買いまくるという方法もある。

要は、儲かった年には、自分が欲しかったちょっと高い買い物をして、経費を膨らまそうというわけだ。

所得税法では、**10万円未満のものは、買ったその年に一括して経費で落とせる**ことになっている。だから、パソコンを買ったり、机を買い替えたり、事業に関係のあるものをバシバシと買いまくるのだ。ローンで買えば、お金は出ていかないのに、経費は計上できるということになる。

気をつけなくてはならないのが、セットで使うものはセットで10万円以上になったらダメということだ。たとえば、ソファセットを買った場合、ソファとセットのテーブルが、単独ではそれぞれ10万円未満になっていても、セットで10万円以上になっていれば、固定資産にしなければならない。セットで使用するものは、セットでいくらかが問われる。

で、経費で買い物をするとき、どこまでが経費として認められるかわからないという人も多いだろう。

その点をちょっと説明しておきたい。基本的な考え方としては、**事業に関連するものであれば経費と認められ、関連しないものであれば認められない**ということである。そして、関連するかどうかは、直接的に関連するものだけではなく、**間接的に関連するものでもＯＫ**なのだ。

たとえばテレビ。普通だったら、テレビは個人で楽しむものなので、事業用とはいえない。でもオフィスか、仕事をする部屋に置いておき、仕事中につけたり、来客のときにつけたりしているのなら、事業で使っているということもできる。また自分の部屋に置いていても、事業の研究に使っているのであれば経費とできる。

オーディオ機器などでも、仕事中に、ＦＭラジオをつけたりＢＧＭを流したりしているのなら、大丈夫である。

という具合に、経費で落とすコツは、うまく事業に関連付けることである。

消耗品を購入する

もっとも手っ取り早く、安全に税金を減らせる方法として、消耗品をたくさん購入するとい

う方法もある。

消耗品は原則としてその年に使ったものだけが経費となるが、**毎年だいたい一定額の消耗品を使っている場合は、購入した年の経費とできるという特例がある**のだ（所得税基本通達37－30の3）。

ただし、この特例を使う場合、消耗品は毎年同じような経理処理をしなければならない。つまり、その年に購入した消耗品は全額その年の経費に計上することになるのだ。

年末に、あまりにもたくさんの消耗品を購入すれば、不自然な利益調整として、税務署からとがめられることもある。が、通常より少し多い程度ならば、問題ない。

消耗品については、中小企業はその期に購入した分はすべてその期の経費で落としている。それを税務署が否認したケースもほとんどない。

「消耗品なんてたかが知れている」

と思われるかもしれない。

しかし、事業で使っている消耗品をすべて積み上げれば、けっこう大きい額になるものだ。たとえばパソコン関係のサプライをちょっと充実させれば、すぐに数万円、数十万円になる。他にも事務関係、台所関係を見回せば、けっこう消耗品はあるものだ。

消耗品は必ず使うものだから、たくさん買っても損はないのだ。節税策の一つとしてぜひ頭に置いておきたい。

家賃、光熱費を経費に計上する方法

では次に、経費を積み上げて税金を逃れるための具体的な方法をご紹介したい。

まずは家賃や光熱費など、生活にかかわる経費からである。

事業者の醍醐味はなんといっても、自分の生活に関連する費用を事業の経費に計上できる、ということだ。

家で少しでも仕事をしていれば、家賃や光熱費なども、事業の経費で落とせる。都会で生活していると、生活費の中で家賃の割合が圧倒的に高いものである。その高い家賃を、事業の経費で落とせるのだ。

ただし、個人事業者の場合、家賃全部を計上できるわけではなく、仕事として使っている割合に応じて按分《あんぶん》しなければならない。

「うちは仕事場として事務所を借りてるから自宅の家賃は経費にできない」

という人もいるかもしれない。

しかし、仕事場や事務所を別に借りているからといって、自宅の家賃が経費で落とせないわけではない。事務所や仕事場があるとしても、自宅でも仕事をすることがあるのなら、自宅の家賃も経費に計上できるのだ。

忙しい自営業者、フリーランサーの皆様のこと、仕事を自宅でされる場合も多々あるはずだ。たとえば経理の作業や確定申告の作業などは、自宅でやるようなこともあるだろう。

そういう場合、自宅は立派な仕事場なのだから、家賃は経費に計上できるのだ。仕事場という名称がなくては、家賃に計上できないものではない。**仕事をしている場所にかかる費用はすべて経費に計上できる**のだ。

だが自宅はプライベートで使っている部分もあるので、全額経費というわけにはいかず、按分しなければならない。

家賃、光熱費を按分する方法

では、家賃や光熱費を事業経費とプライベート費用とで按分する方法をご説明したい。

これは実は少しややこしい問題であり、**明確な基準はない**のだ。

原則からいうならば、仕事で使っている部分と、プライベートの部分を明確に分けて、その割合に応じて家賃を按分する、ということになっている。

たとえば、30平方メートルの賃貸マンションに家賃10万円で住んでいる人がいたとする。仕事には18平方メートルを使っているので、30分の18で60%、つまり10万円の60%なので6万円を経費にする。これが、もっとも原則的な計算式になる。

しかし、仕事部屋と居室が明確に分かれていればいいが、なかなかそうもいかない。居間でテレビを見て情報収集をすることもあるだろうし、仕事部屋だけでは狭くなって、居間で仕事をしたり、居間に仕事の道具を置いたりもするだろう。

そういう場合はどうすればいいかと言うと、平たく言えば、**だいたい家賃の6割程度だった**

ら、普通は税務署から文句は出ないということだ。なので、もし仕事部屋とプライベートを明確に分けることができなければ、６割を目安に経費計上すればいいということになる。

ただこれは法律で確定していることではないので、例外はもちろんある。非常に広い部屋に住んでいて、明らかに仕事で使っている部分が小さいというような場合などである。たとえば、１００平方メートル、家賃50万円の部屋に住んでいて、仕事はその中の10平方メートルだけを使っている、というような場合。これは家賃の６割、30万円も経費に入れるのはちょっとまずい。

逆に60％以上の家賃を経費に計上できることもある。すごく狭い部屋に住んでいて、部屋のほとんどが仕事部屋として機能している場合などだ。たとえば15平方メートルのワンルームに住んでいて、そこで仕事をしている場合、仕事のスペースは８割と計上しても文句は出ない。

その辺は、常識の範囲内で柔軟に対応したい。

また、別に住居があって、仕事のために部屋を借りているような場合、それは全額を経費として計上できる。仕事部屋に寝泊まりすることがあっても、それはプライベートな居室とはいえない。仕事部屋での寝泊まりは、仕事のために寝泊まりしているわけで、仕事がなければ、自宅で過ごしているわけなので、仕事部屋にかかる経費はすべて事業の経費とすることができるのだ。

いずれにしろ、合理的な算出基準であればいい、ということだ。そして光熱費も、家賃と同じ割合で、按分していれば問題ないといえる。

専従者控除を使おう

税金の初心者でも簡単にできる節税の一つに**「専従者控除」**というものがある。

専従者控除というのは、妻や親、子供などが、その事業の手伝いをしている場合、給料を出して経費計上できるというものだ。

青色申告をしている場合は限度額はなく、いくらでも専従者への給料を出せる。

白色申告でも配偶者ならば86万円まで、他の親族ならば50万円までは、給料として事業の経費にできる。

ただし、これには条件がある。

専従者控除を受ける専従者というのは、事業者と家族でなければならない。また専従者の年齢は15歳以上でなければならない。

専従者控除を受けるには、専従者として働いているという建前があるので、他の仕事をしたり、学校に通ったりして、１年間のうち6カ月を超える期間、従事できない場合は、対象とはならない。

また、専従者の給料を差し引く前の事業所得が、専従者の数に1を足した数で割った金額よりも、多くなってはいけない。

たとえば、専従者の給料を差し引く前の事業所得が１００万円で、専従者の数が1人だった場合、１００万円割る2で、50万円。専従者には50万円以上の給料は払えない、ということである。専従者控除を満額の86万円にしようと思えば、専従者控除前の事業所得が、その倍の１７２万円以上ないと不可ということだ。

というように、ちょっと面倒な条件があるが、86万円もの配偶者への給料が認められているんだから、これは有効に使いたい。

「俺は妻や家族に仕事を手伝ってもらったりしていないからなあ」

などと思った方もおられるだろう。

でも、そう難しく考えなくてもいい。

フリーランスの仕事や事業をしていると、配偶者や家族に何かと雑用をしてもらうことが多いものだ。

業務や経理を直接手伝うこともあるし、間接的な仕事をしてくれることもあるだろう。仕事中にお茶を入れてくれる、仕事部屋を片付けてくれる、仕事の電話がかかったら応対してくれる、仕事の雑用をこなしてくれる等々である。

こういう仕事への対価として妻や家族に給料を出すことができるのだ。

86万円の給料ならば、配偶者は所得税はかからないので、配偶者の税金が増える心配もない。

この専従者控除というのは、**年が変わってから（その年が終わってから）、経費にするということもできる**。厳密にいうとダメなのだが、領収書の受け渡しがあるわけではないし、配偶者とは財布がほとんど一緒なので、後から専従者控除を受けることも可能なわけだ。

12月末に収支決算をしてみて、**思ったよりもたくさん利益が出ていたときに、専従者控除を使って86万円を利益から差し引くことなどもできる**のだ。

専従者控除は、条件に該当してさえいれば、使っても使わなくても構わないものである。だから儲かったときには節税のために使い、儲かっていないときには使わない、ということもできる。

収入の波が大きい業種に適用される「変動所得課税制度」とは？

フリーランサーの中には、浮き沈みが非常に激しい職業もある。たとえば作曲家や小説家、ライターなどである。

こういう人たちは、売れるときは非常に大きな収入を得ることができるが、そうでないときは非常に低い所得となる。急に売れたら莫大な税金がかかるけれども、将来の保証がないので、不公平感がある。

その不公平感を解消するために、所得の変動の大きい業種の人には、特別な税金の計算方法がある。

それが**「変動所得の計算」**というものだ。

変動所得の対象となるのは、原稿料、作曲の報酬、著作権による所得、漁獲、のり採取、養殖（はまち、まだい、ひらめ、かき、うなぎ、ほたて貝、または真珠）による所得である。

この「変動所得」は簡単に言えば、急に所得が増えた場合は、過去2年の平均所得をベースにして、その平均を上回って増えた所得は、5年で振り分けたことにして税率を決めましょうというものである。

少しややこしいので、具体的な例を挙げたい。

過去2年間は、平均150万円の所得しかなかったライターが、今年は急に売れて600万円の所得があったとする。

つまり例年の4倍も所得が増額したわけだ。

増額分450万円を過去5年に振り分けると、1年あたり90万円の所得増になる。つまり税務計算上、この人の5年の平均所得は240万円ということになるのだ。

所得が240万円では、所得税率は10%である。

なので今年の所得税は、この10%の税率でいいというものだ。

その結果、600万円の所得に10%の税率をかけ、9万7500円の控除をした金額50万2500円が、この人の所得税になるのだ。

所得税は累進課税になっているので、本来であれば600万円の所得があれば約80万円の所得税がかかる。しかし、この変動所得の計算を利用すれば、30万円も所得税が安くなるのだ。

この「変動所得の特例」は、**所得の増加が大きい人ほど、そのメリットは大きくなる。**

筆者は一応、ライターという仕事をしている。ライターというのは一般の人よりも収入の低い人が多いのだが、売れ出すと突然、大きな金が入ってくることもある。ライターの中には、税金に頭を悩ませている人も多い。

だから印税で収入を得ている人は、要チェックの節税方法である。

またこの方法は、**その年が終了した後、申告書の作成過程で行える節税方法**である。

つまり、ライターなどの人が、今年だけ急に売れて、節税策を何もしてなかった、どうしよう、という場合でも、この変動所得の特例を使えば、税金が安くなるというわけだ。

年度が終了した後、可能な節税策というのはあまりないので、非常に特殊な、使い勝手のある節税策といえる。

第5章

会社だからこそ使える
税金を安くするためのウラ技

芸能人の節税スキーム

「会社をつくれば税金は安くなる」

そう聞いたことがある人も多いだろう。

しかし、一体なぜ会社を経営すれば税金が安くなるのか？

普通の人にとってはなかなかわかりづらいものである。

税金というのは、不可思議なものである。杓子定規に有無を言わさず冷酷に取り立てる反面、ちょっとした手続きを踏めば、驚くほど安くなったりするものである。

芸能人が売れ始めると、会社をつくる、ということを聞いたことがある人もいるだろう。なぜ芸能人が会社をつくるのかというと、最大の目的は節税である。

芸能人が会社をつくって税金を安くするスキームを、Kという架空の芸能人を例にとって簡単に説明したい。

Kは、何曲かヒット曲を持つ中堅アーティストである。最近はヒットチャートをにぎわすことも減ってきたが、作詞作曲も手がけるため収入はかなり多い。ここ数年ほど、年収は5000万円程度で推移している。

Kはデビューして5年後に会社をつくった。Kのマネージメントや、楽曲の管理をする会社である。自分の親に社長をしてもらい、自分はヒラの社員ということになっている。

Kの稼いだ金は、すべて会社の収入となる。そして、Kの稼いだ金を、会社の経費という形で、様々に費消する。Kの自宅も会社名義となっており、自宅内につくられたスタジオもすべて会社の経費から出されている。また高級外車のフェラーリも会社の所有となっている。

ここが芸能人の節税スキームのキモである。

収入5000万円を丸々Kが受け取ったならば、5000万円の収入に丸々税金が課せられることになる。所得税、住民税を合わせると概算で2500万円以上の税金を払わなければならない。

しかし、会社をつくることにより、Kの収入は一旦会社の売上として計上される。そして**会社が様々な経費を計上することにより、「税金がかかる収入」を大幅に減らすことができる。**

K自身は、会社から800万円の給料をもらっているサラリーマンに過ぎない。日本の所得税は累進課税となっているので、収入が大きくなるほど税率は高くなる仕組みになっている。

年収5000万円ならば、税率は最高税率の55％（所得税、住民税含む）となる。しかし、自分の報酬を８００万円程度に収めれば、税率は20〜30％で済む。

実に税率は半分程度になってしまうのだ。

売れ始めた芸能人が会社をつくるのはこのためなのである。

「会社をつくれば税金が安くなる」とは？

なぜ会社をつくれば税金が安くなるのか、もう少し詳しく説明しよう。

前述したように、会社というのは、登記さえすれば誰でもつくることができる。そして登記しないまま事業を行えば個人事業者ということになり、登記をすれば会社ということになる。

この個人事業者と会社では、税金の計算方法が違ってくるのだ。

個人事業の方は、単純である。売上から経費を差し引いた額が「所得」ということになり、その所得に対して税率がかけられる。

法人（会社）の税金も、個人事業と同じように、基本的には売上から経費を差し引いた額「法人所得」に対して、税率がかけられる。ただし、**法人の場合、役員への報酬も経費の中に含めることができる。**

つまり法人（会社）の場合、社長も社員もみな、会社から報酬を受け取っているという建前になる。

個人事業者は、事業の利益はすべて事業者のものという形になり、事業の利益自体に税金が課せられることになる。

しかし会社の場合は、事業の利益からさらに社長本人の報酬を差し引いた残額に対して税金が課せられるということになるのだ。

このシステムをうまく使えば、会社は非常に税金を安くすることができる。

たとえば、売上が2000万円で、経費が1500万円の事業があったとする。利益は500万円のはずだ。これを個人事業でやったならば、利益の500万円がそのまま所得となり、この500万円に対して所得税がかかってくる。

しかし、同じ事業を会社で行なった場合、利益となるはずの500万円を社長の報酬とすれば、会社の所得は差し引きゼロになってしまい、会社の税金は無しになるのだ。

会社の税金が無しになっても、社長は報酬を500万円もらうのだから、社長個人の所得税

◎**個人事業者の税金**

売上 － 経費 ＝ 収益
↑
ここに税金がかかる

◎**会社の税金**

売上 － 経費 － 経営者の報酬 ＝ 収益
↑ ↑
会社の収益にも税金がかかるが、収益と経営者の報酬を同じくらいにすれば会社には税金がかからない。

◎**会社経営者の報酬の税金**

経営者の報酬 － 給与所得者控除 ＝ 経営者の所得
↑
ここに税金がかかる。
給与所得者控除が差し引かれる分だけ、個人事業者よりも税金が安い

がかかる。

しかし社長が報酬としてもらう500万円は給料という扱いになり給与所得控除というものが受けられる。そのため、500万円を個人事業の所得として受け取るよりも、かなり税金は安くなる。

また社長が報酬としてもらう500万円も、自分一人ではなく家族に分散したりすれば税金は限りなくゼロに近くなる。つまりは、税金を払わずに済むというわけだ。

会社をつくれば税金が安くなる、というのは、簡単にいえばこういうことである。

会社経営者は税務上は「サラリーマン」

前項で少し触れた**「給与所得控除」**というものを説明したい。

会社経営者というのは、税法上の定義ではサラリーマンということになっている。自分の資金で会社をつくった場合でも（つまりオーナー社長の場合でも）、税法の上ではサラリーマンとなるのだ。

社長というのは、会社から報酬をもらう「雇われ人」という形になるのだ。そしてその報酬は、サラリーマンの給料と同じ扱いになる。だから、社長はサラリーマンということなのだ。

そしてサラリーマンというのは、実は、自営業者などにはない税法上の恩恵がある。

それが「給与所得控除」なのだ。

給与所得控除というのは、給料に対して全額が税金の対象になるのではなく、一定の金額を割り引いた残額に税金をかける、という制度である。

給与所得控除の金額は、次ページ上表の算式によって求められる。

◎**給与所得控除の計算方法**

給与額	給与所得控除
1,625,000円まで	550,000円
1,625,001円から1,800,000円	収入金額×40%−100,000円
1,800,001円から3,600,000円まで	収入金額×30%＋80,000円
3,600,001円から6,600,000円まで	収入金額×20%＋440,000円
6,600,001円から8,500,000円まで	収入金額×10%＋1,100,000円
8,500,001円以上	1,950,000円（上限）

たとえば、年間給料の額が６００万円の場合、収入の20％プラス44万円なので、１６４万円となる。この１６４万円が給料の額から差し引かれるので、６００万円マイナス１６４万円で、４３６万円が税金のかかる収入ということになるのだ。

つまり、サラリーマンは６００万円の給料をもらっていても、税金の対象となるのは４３６万円で済む、ということである。

なぜこのような制度があるのか、というと、サラリーマンは他の事業者のように必要経費が認められていない。普通、税金というのは、収入から必要経費を差し引いた残額に課せられるものである。

しかし、サラリーマンは、必要経費が認められていないので、収入にそのまま税金が課せられてしまう。それでは不公平なので、サラリーマンも一定額を必要経費として認めましょう、ということになった。

それが給与所得控除というものである。

サラリーマンであれば、だれでも、必要経費が多いものも少ないものも、表の算式に応じて、控除が受けられるのである。

そして、会社経営者の場合は、建前の上では会社から報酬をもらって仕事をしているサラリーマンであるから、当然、この「給与所得控除」というものが受けられる。つまり、会社経営者も他のサラリーマンと同じように、給料の全額に税金が課せられるのではなく、一定の金額を差し引いた残額に税金が課せられるのだ。

だから会社経営者の場合、自営業者と同じように会社で様々な経費を計上できる上に、サラリーマンの特典である「給与所得控除」も受けることができる。

つまり、**自営業者の税法上の恩恵と、サラリーマンの税法上の恩恵、両方を受けられるというのが、会社経営者**なのである。

会社には様々な「経費」の恩恵がある

会社には**様々な経費を計上できる**という恩恵もある。

会社の税金（法人税、法人事業税）というのは、会社の利益に対して課される税金である。利益とは、簡単にいえば売上から経費を差し引いた残額のことである。だから経費が多ければ多いほど、税金は安くなるということになる。

会社の業務というのは様々な経費を計上できる。そのため、税金のかかる収入が低く抑えられ、税金が安くなるのだ。

個人事業者も、経費を計上して利益を下げることができる。

しかし、会社の方が個人事業者よりも経費として認められる範囲が広くなる。つまり、会社の方がよりダイナミックな節税ができるのだ。

たとえば、**福利厚生費**である。

個人事業者の場合、税務署は本人の福利厚生費を認めない傾向にある。従業員がいれば従業員の福利厚生費を認めるが、事業者本人の福利厚生費は認めたがらないのだ（これは税法上、認められていないということではなく、あくまで税務署の運用の話である）。

しかし、会社の場合、経営者本人の福利厚生費も認められるのだ。

福利厚生費を使えば、非常に大掛かりな節税を施すことができる。

たとえば自宅の賃貸マンションを会社の借り上げにして、家賃の大部分を会社の経費で落とすこともできるのだ。

社用車にしてもしかりである。何百万円もする高級車に乗っていても、社用車として購入し、社用車としての条件を満たしていれば、全額を会社の金で購入することができるのだ。

「高級車は会社には関係ないのだから、会社の経費で買うのはおかしい」

と普通の人は思うかもしれない。

確かに個人的に使う高級車を会社の金で買うことは、世間一般的には許されるものではない。

しかし、その車が会社の名義であり、会社の業務で使っているならば、立派に社用車として通用してしまうのが、今の税制なのである。

それらの様々な経費を駆使すれば、税金は驚くほど安くなるものなのだ。

会社をつくればかえって税金が高くなることも

「会社をつくれば税金が安くなる」

といっても、ただ会社をつくりさえすれば税金が安くなるというものではない。

というより、下手をすれば会社をつくったことによって税金が高くなる場合もあるのだ。会社をつくるということは、会社の税金（法人税など）がかかる上に、経営者本人にも所得税、住民税がかかることになる。

つまり、会社をつくれば、新たに課せられる税金の種類が増えるわけである。個人事業をしている間は、個人の税金だけでよかったものが、会社をつくることによって法人の税金も払わなくてはならなくなるのだ。

「それならば会社をつくった方が税金が高くなるじゃないか？」

と思った人もいるだろう。

確かに、普通にやっていれば、会社をつくれば税金は増えてしまう。

会社にかかってくる税金のほとんどは、会社の利益に対してかかってくるものである。だから利益をゼロにしたり、赤字にしたりすれば、会社での税金はほとんどかからなくなる。

しかし会社というものは、思ったよりも利益が出たような場合は、逆に税金を多く払わなければならない羽目になる。

利益が出たからといって、社長がボーナスをもらうわけにはいかない。会社の社長というのは、あらかじめ決められた額の報酬しかもらうことができないようになっているのだ。もし会社の利益を社長がもらう場合、法人税と所得税の二重の税金が課せられることになっているのだ。

利益をゼロにしたり、赤字にするには、それなりのテクニックがいる。

きちんと事業をやっていきつつ、会計上の利益を出さない、ということなのだから、会計上の知識も必要である。だから、**何の知識もない人が、無計画に会社をつくっても、税金は増えるだけ**である。

家族に所得を分配する

会社をつくって税金を安くする方法として、まず挙げられるのが**家族を従業員にして自分の収入を家族に分散する**というものである。

芸能人も会社をつくったとき、たいていの場合、家族を会社の役員などに据える。親に社長になってもらったり、妻に取締役になってもらったり、である。

これにより家族に恩恵を施すとともに、大幅に節税ができるのだ。

日本の所得税というのは、所得が多くなるほど税率が高くなる仕組みになっている。たとえば、所得が195万円以下の人の所得税率は5%である。しかし、1800万円を超える人は40%となる。

だから、たくさんの所得をもらうとたくさんの税金を払う羽目になるのだ。逆に言えば、たくさんの所得のある人が、それを家族に分散すると、税金は安くなる。

たとえば、500万円の収入がある事業者がいたとする。

もしこの人が、個人事業者としてそのまま申告をすれば、所得税、住民税を合わせてだいたい１００万円以上の税金を払わなければならない。

しかし、会社をつくって自分と両親と弟と妻の５人に分散したとする。

すると、一人あたりの給料は１００万円になる。

１００万円というと、所得税も住民税も課税最低限以下ということになる。つまり、所得税も住民税もかからない、ということである。

それが５人ともである。

つまり、会社をつくれば１００万円の税金がゼロになるということなのだ。

まあ、現実にはそう単純ではないが、簡単にいえば、こういう仕組みである。似たようなことをしている「会社経営者」は日本にはごまんといる。

個人事業者でも（会社をつくらなくても）、所得を分散することはできなくはない。

しかし、前述したように白色申告の場合は支払える給料に限度額があるし、青色申告の場合もいろんな条件がある。

会社をつくった方が、スムーズに所得分散ができるのだ。

経営者、役員にはボーナスは払えない

◎**個人事業者の収入**

売上 － 経費 ＝ 事業所得
（↑ 個人事業者の収入）

◎**経営者の収入**

売上 － 経費 ＝ 会社の所得
（経費 ↑ ここから経営者の報酬が払われる）
（会社の所得 ↑ 株主のもの）

会社の経営者や役員の報酬というのは、原則として会社の経費で支払われることになる。

そしてその報酬の額はあらかじめ決められた額しか出すことができない。**経営者や役員の報酬は、株主総会などであらかじめ決められて、それ以上の額を出すことは原則としてできない**のだ。

だから、会社の経営者や役員は会社が儲かったからといって、自分の報酬が増えることはない。

会社の利益が出たときにボーナスとして経営者に報酬が支払われることもあるが、それは法人税法上、損金経理（経費計上）ができない。つまり、経営者や役員のボーナスは、会社に利益

が出て税金も払った後、その残額から支払われるという形になるのだ。

会社の利益というのは、経営者のものではなく、株主のものという建前になっている。だから経営者が勝手に自分のものにするわけにはいかないのだ。

家族を社員として雇用するときの注意事項

「会社から家族に給料を払う」のは非常に簡単である。

家族を会社で雇用し給料を払えばいいだけだ。

経営者が自分の家族を会社の役員や社員にした場合、税務署から文句を言われないかという懸念を持つ人もいるだろう。

もちろん何も働いていないのに、家族に高額の報酬を出したりすれば、税務署も指摘する。

しかし、社員として給料をもらう条件をクリアしていれば、税務署もそうそう指摘はできない。

その条件とは次の二つである。

・ちゃんと仕事をしていること

・給料の額が妥当

妥当な給料の額というのは、その仕事を第三者に依頼したときにどのくらいの給料を払わなくてはならないか、ということである。

たとえば、ちょっとした雑用であっても、これを他人にしてもらうためには、それなりの給料を払わなくてはならない。その給料が妥当な給料の額ということになる。

その程度の給料であれば税務署は何も言えないのだ。また世間並みよりも若干待遇がいい、というような程度ならば、税務署も文句は言えない。そういう企業はいくらでもある。

家族社員にはボーナスが出せる

家族を社員にした場合、その家族社員にはボーナスを出すこともできる。

前述したように、会社の経営者や役員というのはボーナスをもらうことができない（法人税がかかる）。だから、会社に利益が出たからと言って、そうそう報酬を増額するわけにはいかない。

しかし、家族社員の場合は、普通の社員と同様にボーナスを支給することができる。だから、**会社に利益が出たとき、決算期前などに家族社員のボーナスを出し、会社の法人税を減らすというような方法が使える。**

正しい脱税とは？
個人事業者向け
経営者向け
共通

経営者の配偶者は経営者と同等にみなされる?

ただし、経営者の配偶者を社員にする場合は注意が必要である。

というのも、**条件によっては経営者の配偶者の場合は、普通の社員として雇用されていても、経営者と同等にみなされ、ボーナスなどを支払えないこともある。**それを「みなし役員」という。社員であっても役員とみなします、という意味である。

この「みなし役員」になる条件とは以下の通りである。

・経営に関与していること
・その人の持ち株割合(配偶者分含む)が5%を超えている
・その人の同族グループ(血族6親等、姻族3親等以内)で持ち株割合が10%を超えている
・同族グループ3位までの持ち株割合が50%を超えている

この条件のうち「経営にタッチしているか」どうかについては、具体的な線引きはない。**が、国税側では、だいたい「経理をしていればアウト」というような考え方をしている。**つまり、奥さんが経理をしているのなら、会社の経営に携わっている（＝みなし役員）と考えるということだ。

常勤していない家族に給料を払うウラ技

常勤していない家族に給料を払う方法もある。

それは**家族を「非常勤役員」にする**ということである。

非常勤役員というのは、その名の通り、常勤しない役員のことだ。経営に関する助言を与えたり、いざというときに交渉その他をするための役員である。

非常勤役員は、毎日出社する必要はないし、これといった業務をしていなくても大丈夫である。だから、非常勤役員にするための条件は、普通の役員や従業員よりも、かなりハードルが低いといえる。

ただし非常勤役員の場合も、家族を従業員にしたときと同様、まったく会社の業務に関与していないのであれば、税務署からお咎めを受けることもある。

でも、時折、会社に来て会議に参加などをしていれば、税務署がそれを否認するのは難しいのだ。

大企業などでも、ほとんどの非常勤役員は、そういう仕事しかしていない。大企業では、有名タレントや有名スポーツ選手が形ばかり、非常勤役員になっているケースも多々ある。

だから、税務署が非常勤役員を「仕事をしていない」として否認するのは、家族従業員を否認するよりも難しいのだ。

税務署に否認されない家族への給料とは？

ここまで読んできてもなお、

「家族を社員にして給料を分散すれば、税務署から否認されるんじゃないか」

と思った方もいるだろう。

確かに、家族が社員になっても、それは名ばかりでまったく仕事をしていないのであれば、税務署は否認する。しかし、**なんらかの仕事をしていれば、税務署がそれを否認するのは非常に難しい**のだ。

日本の税制では申告納税制度というシステムを採っている。申告納税制度というのは、税金は、納税者が自分で申告して自分で納める、というものだ。

税務署が、追徴課税を課したりできるのは、当局側が誤りを見つけたときだけなのだ。

つまり、**納税者はその申告について潔白を証明する義務はなく、もし税務署が誤りを指摘するならば、税務署側がその証拠を出さなければならない**のだ。

家族への給料を否認することは、税務署にとって非常にハードルが高い。

税務署が、家族社員への給料を認めるかどうかの判断は、その給料に見合った仕事をしているかどうか、ということである。

何も仕事をしていないのに給料を払っていれば、それは不当に所得を分散したと税務署にみなされる恐れがある。普通に考えても「仕事をしていないのに給料を出していればそれはおかしい」、ということになる。

しかし、なんらかの仕事をしている形跡があり、相応の給料ならば、税務署はそう目くじらを立てることはない。

それは社員でも役員でも非常勤役員でも同様である。

会社の非常勤役員というのは、普通の会社でも、どういう仕事をしているのかよくわからない人もたくさんいるわけだ。だから、会議に出たり、書類をチェックしたりなど、ちょっと役員らしいことをしていれば、税務署がそれに文句を言うことは非常に難しいのだ。

簡単に言えば、**世間相場からあまりにかけ離れた待遇をしていなければ、いや世間並みよりも若干待遇がいい、というような程度ならば、税務署も文句は言えない**のだ。

そういう企業はいくらでもある。

ただし、会社の中に家族以外の社員がいる場合は、さらに注意が必要である。家族以外の社員と比べて、明らかに待遇が違う場合は、問題とされるからだ。

たとえば、同じような仕事をしているのに、家族社員だけ給料は非常に高かったり、家族社員だけにボーナスが出る、などという場合は、まずい。また福利厚生などで家族だけが優遇されているというのも問題となる。

会社の中で、社員が家族しかいなければ、比較の対象がないから、他の社員との兼ね合いは気にしなくても構わない。

家族を社員にしたときの給料は、

「一定の仕事をしている事実があること」

「給料の額は、その仕事を人（業者）に頼んだ場合の費用よりかけ離れたものでなければ大丈夫」

ということなのだ。

税金を安くする魔法の杖「福利厚生費」

次に会社の税金のもう一つの武器である**「福利厚生費」**についてご説明したい。

福利厚生費というのは、会社の従業員の福利厚生などにかける費用である。ご存知の方も多いはずだ。

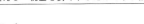

この福利厚生費は、実は税法上けっこう広範囲に認められている。

福利厚生というと、健康診断や慰安旅行などしか思い浮かばない人も多いかもしれない。でも福利厚生の範囲はそんなものではない。

コンサートのチケット、スポーツジムの会費などのレジャー費、アパート、マンションなどの住居費なども OK なのだ。

はては夜食代や昼食の補助まで適用されるのである。

社員の衣食住の大半は、福利厚生で賄えるといっても過言ではない。つまり、福利厚生費をうまく使えば、衣食住の大半を会社の経費で落とすことができるのだ。しかも、レジャー費まで、経費で落とせる。私生活の大半の支出は、会社から出すことができるのだ。

そして、この福利厚生費は、**会社であればどんな規模であっても使える**のだ。

社長が一人でやっている会社や、社長とその家族だけでやっている会社であってもである。

個人事業者にも、福利厚生費は認められているが、税務署は個人事業者の場合は、従業員への福利厚生費は認めるが、事業者自身や事業者家族への福利厚生費は認めない傾向にある。税務署が、個人事業者自身や家族への福利厚生費を認めないというのは、実は税法上の根拠はない。しかし、これまで税務署が認めてこなかったので、これを覆すためには、裁判を起こすなどをしなければならない。そういう負担に耐えられる事業者はなかなかいないので、個人事業者は実質的に自分自身への福利厚生費が使えないのだ。

しかし、会社組織にしていれば、オーナー社長であっても、福利厚生費の対象となる。

つまり、会社組織にしていれば、思う存分福利厚生費を使えるということである。

会社をつくる醍醐味の一つはここにあるのだ。

自宅の家賃を会社に払ってもらう

福利厚生費がいかに使えるものなのか、一番、わかりやすいのは**「家賃」**である。

おそらく、ほとんどの方は、衣食住のうち「住」に一番お金がかかっているのではないだろうか？　特に都会に住んでいる方は、住居費にすごくお金がかかっているはずだ。

この住に関する支出は、会社の福利厚生費で出すことができるのだ。

というのも、一定の条件を満たせば、従業員（役員を含む）の家賃を福利厚生費として支出することが認められているのだ。

つまり福利厚生費では、一定の手順を踏めば社員のために住居を提供するということもできる。

従業員（役員含む）が賃貸のアパートやマンションに住んでいる場合、その家賃の大半を会社が肩代わりすることができるのだ。

これは、借り上げ住宅といって、簡単に言えば、役員や社員が住んでいる家（部屋）を会社の借り上げにして、社宅として役員や社員に貸す、というものである。

当然、会社が家賃の大部分を負担する。

通常、会社が社員（役員含む）に経済的恩恵を与えた場合は、それは給料に加算されることになっている。だから、会社から経済的恩恵を受けた役員、社員は、給料を増額されたのと同じように、税金も加算されるわけだ。

しかし、一定の要件を満たした「経済的恩恵」であれば、給料とはみなさなくていい、という制度があるのだ。

つまり、会社から経済的恩恵を受けても、役員、社員の税金は加算されないということである。

それが、税法上の〝福利厚生費〟なのだ。

◎借り上げ住宅の仕組み

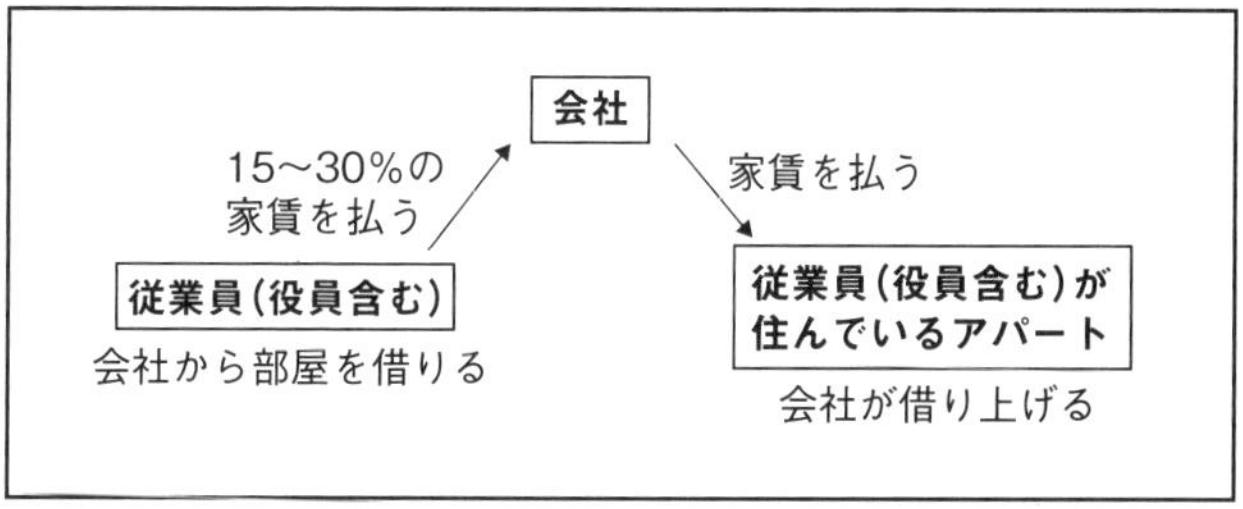

そして、住宅の借り上げというのも、税法上の福利厚生費として認められているのだ。

一定の要件を満たしていれば、会社が役員、社員に住宅を提供しても、それは給料とはみなされず、会社の福利厚生費で落とすことができるのだ。

一定の要件というのは、従業員は会社に対して15％程度の家賃を払っていることだ。さすがに家賃の全部を会社が払ってやるのは、恩恵が大きすぎるということで、15％程度は払わなくてはならないことになっているのだ。役員の場合は30％程度の家賃を払っていなければならない。

つまり、**従業員が15％程度、役員は30％程度の家賃を払っていれば、会社は福利厚生費として損金計上できる上に、社員にも税金の加算がされない。**

たとえば、ある会社の役員が家賃15万円のマンションを借りているとする。

このマンションを会社が借り上げて、「社宅」として役員に貸し与えていることにする。役員は、15万円の30％、つまり

4万5000円程度払っていれば、会社が払っている家賃は役員報酬とはみなされないのだ。

つまり会社が肩代わりしている家賃月10万5000円は、「税金のかからない給料」なのだ。年間にすれば、126万円である。

ということは、この役員は、正規の報酬の他に、会社から126万円の報酬をもらっているのと同じことなのだ。

しかも、この126万円は、役員の所得税、住民税の対象からもはずされる。法的な福利厚生費で受けた経済的利益は、所得税や住民税の対象にならないことになっているからだ。

もし、この126万円を正規の報酬としてもらえば、少なくとも30万円くらいは税金として徴収される。その税支出がまったくなくなるのだ。

この住宅借り上げ制度は、社長一人の会社だったり、家族だけでやっている会社でも適用される。社長一人の会社であっても、社長の住居を会社が借り上げ、社長は家賃の3割程度を会社に払っておけばいいのだ。

つまり、福利厚生費を使えば、社長が払う自宅の家賃は、3割程度でいいということである。

夕食代も福利厚生費で落とせる！

福利厚生費というのは、住居ばかりではない。

食についても、相当な部分で支出することができる。

その究極のものが、**「夜食代」**である。

ざっくり言えば、夜食代を会社の金で出せる、ということだ。

どういうことかというと、残業した人の食事代を会社が負担した場合、それは福利厚生費として支出できるのだ。

どんな会社でも、夕食時間にずれ込むくらいの残業はあるものだ。そういう残業をしたときに、会社は福利厚生費から夜食を出すことができるのである。

またこれも会社の人数に制限があるものではないので、経営者一人しかいない会社でも適用できる。

たとえば社長一人でやっている会社で、社長が夜9時くらいまで仕事をしていたとする。8

時ごろ、腹が減って、出前を取った。これは、会社の福利厚生費から出すことができるのだ。

また夫婦でやっている会社があったとする。

夫婦ともに、毎日、夜遅くまで働いている。そして奥さんが、近所のスーパーで惣菜を買ってきて、夜食として出した。この夜食代も、会社から経費で出すことができるのだ。

だから、いつも残業しているような会社では、「夕食代は福利厚生費で出す」ということができるのだ。

極端にいえば、夕食代のほとんどを福利厚生費で出すことができるのだ。もちろん、残業をしていたら、という話ではあるが。

ただし、この夜食はあくまで会社が支給したという形を取らなくてはならない。

夜食は、会社が自前でつくるか、会社が仕出しや出前をとったものを社員に提供しなければならないのだ。

もし夜食代を現金でもらえば、それは従業員（役員も含む）の給料として加算される。それは会社の経費として算入されるが、従業員にとっては給料という扱いになるので、所得税の対象となる。また役員の場合は、役員報酬とみなされ、会社の経費にさえならない。

だから夜食はあくまで現金ではなく、現物を会社が用意しなくてはならない。

また夜間勤務の場合、出前などは取らなくても、一回３００円までの食事代の現金での支給は福利厚生費の範囲内となる。

昼食代も月３５００円まで会社が出せる

前項では、夜食を福利厚生費から出す方法をご紹介したが、福利厚生費は夜食だけではなく、昼食も出すことができる。

福利厚生費では、一定の条件を満たせば、昼食代の補助を出せることになっているのだ。

一定の条件とは、

・従業員が一食あたり半分以上払うこと
・月３５００円以内であること

である。

つまり毎月３５００円までは、昼食代として支出できるのだ。

年間にすると、４万２０００円になる。

ただし、夜食と同様に３５００円を単に現金としてもらえば、社員に対する課税となってしまう。非課税となるのは、会社を通じて仕出しや出前などを取ってもらった場合のみである。

たとえば、ある会社で、社員（役員含む）が会社で20回、昼食をとっているとする。社員は会社を通じて出前を頼む。

そして、会社は一回あたり１７５円を出す。だから７００円の親子丼を注文すれば、社員は５２５円を出せばいいというわけだ。

また家族でやっている会社が、昼食をつくって社員に支給したとする。

その場合、材料費のうち月３５００円までを会社から出し、社員からは昼食費として３５００円以上を徴収すればいいのだ。

夜食代だけではなく、昼食代も、会社から出すことができれば、もう食事代の大半は、会社から出すことができる、というものである。

スポーツ、ライブチケットを会社の金で買う

これまで、衣食住の費用を会社の経費で落とす方法をご紹介してきた。

しかし福利厚生費で出せるのは、生活関連の費用だけではない。

レジャー費も出すことができるのだ。

福利厚生費というのは、従業員の生活や健康を向上させるのための費用だからだ。レジャー、レクレーションなどの費用も当然、含まれるわけである。

しかもレジャーというとかなり範囲が広くなる。

遊び全般は、レジャーといえるからだ。遊び全般の費用が、福利厚生費で出せれば、こんなにいいことはないだろう。

そして法的にレジャー費は、どこからどこまでならば福利厚生費として認められるのか、というと、実は明確な基準はない。

世間一般で福利厚生として認められる範囲ということになっている。福利厚生というのは、

正しい脱税とは？
個人事業者向け
経営者向け
共通

時代とともに変わるものである。たとえば、昔は会社の慰安旅行で海外旅行は認められていなかった。しかし、現在は海外慰安旅行も福利厚生費として認められている。

時代の趨勢で、福利厚生費の範囲は広がっていくといえる。

ただし、どこまで広がっているのか明確な基準がないだけに、会社としては使い辛い面もある。

が、**大企業、官庁で取り入れられている福利厚生ならば、まず大丈夫**である。

スポーツ観戦、コンサートチケットなどは、大企業や官庁などで、普通に福利厚生として支給されている。

なので、十分に福利厚生費の範疇と考えていいだろう。

つまり、スポーツ観戦やコンサートのチケットの代金を会社の金で出すことができるわけである。スポーツファンや音楽ファンの経営者にはたまらないはずだ。

ただ、あまりに何回も行くとマズイといえる。

福利厚生費は、「世間一般の常識の範囲内」ということなので、毎週コンサートに行ったりするのは、ちょっと常識から外れることになるからだ。

年に数回というところが妥当だろう。

また福利厚生費で気をつけなくてはならない点は、一部の社員のみが対象になっていてはダメ、ということである。だから、社長一人しかいない会社では、社長一人で行ってもいいわけだ。

ただし他に社員がいる場合は、皆に同等の福利厚生をしなければならない。

またこのチケット代は、会社が購入し、それを社員（役員）に配布するという形を取らなくてはならない。社員（役員）が自分で購入し、会社はその代金を後から支給するという形であれば、社員（役員）に対する給料（報酬）という扱いになるのだ。

だから、**「会社が購入↓社員に配布」という形は、崩してはならない。**

社長一人の会社などでは、結局、自分で買って自分でもらう、ということになるだろうが、形式は守らなくてはならない。領収書なども、個人宛ではなく、会社宛でもらっておいた方がいい。

とにもかくにも、レジャーの費用の多くも、福利厚生費から出せるということである。

スポーツジムに会社の金で行く

前項では、スポーツ観戦、観劇などの費用を福利厚生費で落とせることを紹介したが、スポーツジムなどの会費も落とすことができる。

昨今では健康志向もあり、仕事が終わってからスポーツジムに行くというビジネスマンも多いようだ。スポーツジムの会費は、最低でも月1万円くらいする。これを会社の金で負担できるわけだ。

スポーツジムの会費を福利厚生で出している企業はいくらでもあるし、官庁でもスポーツジムの法人会員になっているケースもあるので、もうこれは堂々と使えるものだといえる。

ただ月々の会費は、福利厚生費として損金処理することができるが、入会金は資産として計上しなければならない（あとで返却されないものは、加入期間で償却する）。

これは、経営者一人の会社でも当然適用できるものである。

ただし、役員など特定の人しか利用できない場合は、その特定の人の給料になり、所得税がかかる。経営者一人の会社では、必然的に経営者一人しか利用していないことになるが、もし社員が入ってきた場合、その社員も利用できることになっていれば、大丈夫だ。

旅行費用も会社の経費で

福利厚生費では、旅行の費用を出すこともできる。

いわゆる「会社の慰安旅行」である。

税制上一定の要件を満たせば、会社の慰安旅行は、福利厚生費として損金経理できる上に、社員も給料としての加算はない。

慰安旅行の条件というのは、４泊５日以内であり、社員の50％以上が参加するというものである。海外でも現地泊が４泊５日以内であればＯＫだ。

「会社の慰安旅行」も、家族だけでやっている会社であってもできる。ただし、社員以外の家族が一緒に行く場合は、その分の旅費は出せない。たとえば、子供を連れて行くなど、である。

社長一人の会社だと、ちょっと難しいかもしれない。慰安旅行は従業員の親睦という意味があるからだ。

たとえば、香港に家族社員5名で4泊5日の社員旅行をしたとする。旅費の一人12万円、合計60万円は、もちろん会社持ちである。

これをもし、自分の金で行ったとすると、そのお金は自分の給料から出すわけなので、税金、社会保険料が一人3～4万円かかっていることになる。

しかし、会社から慰安旅行として出してもらえば、この3～4万円は出さなくていいのだ。家族企業などの場合は、それが即、家族の収入増につながるわけだ。

もちろん家族企業じゃなくても、慰安旅行は会社と社員両方の節税になるし、社員の勤労意欲増進にもつながる。

会社の金でプライベート旅行をする

前項では、慰安旅行のご紹介をしたが、慰安旅行には若干の制約があるので、純然たるプライベート旅行に会社の金で行きたい、と思う人もいるだろう。

実は、福利厚生費では、純然たるプライベート旅行費用も支出することができる。

一定の条件をクリアすれば、純然たるプライベート旅行に、会社が補助的なお金を出すことも可能なのだ。

全額は無理だが、ある程度は大丈夫だ。そして、社員にとっても給料には加算されず、税金や社会保険料がかからない。

大企業では、保養施設を持っているところも多い。そういう企業の社員は、観光地や保養地で格安で宿泊することができる。また公務員なども公務員用の保養施設があり、同じような恩恵を享受できる。

会社が自前で保養施設を持てれば、それに越したことはない。福利厚生費として、保養施設につぎ込めば、社員は大きな経済的メリットを受けることができる。

でも、中小企業ではそうそう保養施設など持つことはできない。それでは不公平である。それを補うために、社員がプライベートの旅行をした際に、その宿泊費を補助することもできることになっているのだ。

たとえば、社員が観光旅行などをした場合、一泊につき5000円は会社から補助を出すのだ。家族にも同様の補助を出す。それを年間20回（人数×宿泊）まではOKというような規定を作っておく。そうすれば、年間10万円の観光費用を会社が負担してくれることになる。

ただし、この方法を使う場合は、気をつけなくてはならない点がある。それは、**宿泊の補助を社員に手渡すのではなく、会社がホテルや旅館などに直接申し込み、社員が会社に残りの宿泊費を払うという形態を取らなくてはならない**、ということだ（国税局相談窓口に確認済み）。

社員が、自分でホテルや旅館に宿泊の申し込みをし、補助金を会社が出すという形態では、給料として扱われてしまう。

「福利厚生」の注意事項

これまで福利厚生のことをご説明してきたが、「けっこういろんな範囲が使えそうだけれど、今一つ福利厚生として認められるものの基準がわからない」という方も多いだろう。

なので、ここで福利厚生の基準について、おさらいをしておきたい。

福利厚生には、大まかに言って次の三つの基準があると思ってほしい。

1　社会通念上、福利厚生として認められるもの
2　特定の社員だけが享受できるものではなく、社員全体が享受できるもの
3　会社が購入したモノ、サービスを社員に支給するという形を取る

一つ目は、「社会通念上、福利厚生として認められるもの」である。

実は福利厚生費の範囲というのは、それほど厳密な線引きはされておらず、世間の価値観に委ねられている。だから、大企業などを参考にして、それにかけ離れていないものならば大丈夫ということである。

二つ目は、社員のだれもが同様に享受できるものであることである。役員など、ごく一部の人しか使えないものではダメということだ。

これは必ずしも、誰もが同じだけ使わなくてはならないということではない。たとえば、スポーツジムなどの場合、誰もがスポーツジムに行ける状況さえ整っていればいい、ということである。

社員のある人は毎日行くけれど、ある人はまったく行っていなくても、誰もが行こうと思えば行けることになっていれば、大丈夫ということである。

三つ目は、福利厚生はあくまで会社が社員に支給するという形を取らなくてはならない、ということである。

社員が自分で何かを購入したりサービスを受けたりして、会社はお金を出すだけ、という形ではダメなのだ。

あくまで会社が購入したものや、契約したサービスを社員に支給するという形を取らなければならない、ということである。

この三つを守っていれば、福利厚生費として認められるといえる。

第6章

個人事業者も経営者も使える最強の節税アイテム

会社も個人事業者も使える逃税アイテム

これまで述べてきたように、個人事業者と会社では、税金を逃れる方法は若干違う。

しかし、基本的な税務思想である**「事業に関連する支出は経費として認められる」**ということは同じである。

この章では、会社でも個人事業者でも使えて、しかも非常に有効な逃税アイテムを紹介したい。

「こんなものまで経費で落とせるのか？」

と思われる方もいるはずだ。

具体的に言えば、**旅費**、**高級車**、**共済**などである。

旅費は、「第5章」で福利厚生費として経費で落とす方法をご紹介したが、これは個人事業者ではほぼ使えない。しかし、「福利厚生」ではなく、事業の中で旅費を経費として落とすこともできるのだ。

これらのアイテムを使えば、驚くほど税金が安くなることもある。

旅費を使えばかなりの節税になる

事業者の強力な節税方法に、「旅費」がある。

旅費というのは、仕事の関係で出張などをしたときの経費のことである。

旅費こそが、事業者の醍醐味といえるだろう。

「旅費といっても、うちの仕事は出張なんてない」

と思った事業者の方もおられるかもしれない。

しかし、事業での旅費というのは、いわゆる〝出張〟のときだけに生じるものではない。**個人的な旅行であっても、仕事関係の情報を仕入れる目的があれば、「視察旅行」として経費に計上することができる。**

地方に旅行するとき、その地域で評判になっている同業者をいくつか見学したり、その地域のサービスの状況をチェックしたりすれば、立派な「視察旅行」ということになる。また従業員の慰安旅行などをした場合、これも経費に計上することができる。

たとえば、地方でネット関連の仕事をしている人がいるとする。ネット関連の情報を集めるために、秋葉原に視察旅行をすることにする。つまり、事業の経費を落としながら、東京見物ができるのだ。

ビジネスが国際化している昨今、海外に行こうと思えばなんとでもこじつけられる。「中国に進出したいので、その視察をした」

「東南アジアの市場を開拓したいので調査のために」

などということにすれば、それを覆すことはなかなかできない。

ただし、この場合、ただの「見物」ではダメである。「視察旅行」という建前があるのだから、視察や情報収集をしなければならない。もちろん、秋葉原に行くだけで十分に情報収集にはなると思われるが、税務署対策として、なんらかのレポートくらいは残しておいた方がいいかもしれない。

このようにして、工夫次第でいくらでも「旅費」は使うことができるのだ。

この手法は、政治家や官僚がよく使っているものである。税金を使って遊びに行きたいけれど、遊びでは予算が下りない、だから視察旅行と称して、税金を使って物見遊山に出かけるのだ。

こんな美味しい制度を政治家や官僚だけに使われるのはもったいない。自営業者、フリーランサーの方も、お金に余裕ができたときは、節税をかねてぜひ視察旅行をしよう。税金を使って旅行に行く人たちに比べれば、自分が稼いだ金で旅行するのだから、全然、良心的な方だといえるのだ。

中古高級外車で税金を逃れて蓄財する

税金を逃れるアイテムとして、**中古高級外車**というものもある。

車を買えば、耐用年数に応じて「減価償却」していかなければならない。

減価償却というのは、「何年にもわたって使う高額のもの（固定資産）」を購入した場合、買った年の費用として一括計上するのではなく、耐用年数に応じて費用化するというものだ。

たとえば5年の耐用年数がある100万円の電化製品を買った場合、1年間に20万円ずつ、5年間にわたって費用計上していくのだ。

この費用計上のことを減価償却費というのだ。本当はもっと複雑な計算を要するが、仕組みとしてはこういうことだ。

減価償却をする対象となる「固定資産」は取得価額が10万円以上のものである。10万円未満のものを購入した場合は、全額をその年の費用として計上していい。

減価償却の方法は、定額法と定率法というのがある。

定額法は耐用年数に応じて「毎年同じ額だけ」の減価償却費を計上していく。

一方、定率法というのは、資産の残存価額に一定の率をかけて、毎年の減価償却費を計上するという方法である。

定額法は、毎年同じ額の減価償却ができるのに対し、定率法は最初のうちは減価償却額が多く、だんだん少なくなってくるという特徴がある。だから、早く減価償却費を出したい場合は、定率法を選ぶべきだろう。

定率法にするか定額法にするかは事業者が自分で選択することができる（不動産の場合は定額法のみ）。定率法にしたい場合は、申告前までに税務署に届け出書を出さなくてはならない。もし定率法の届け出を出さなかった場合は、自動的に定額法になる。

中古高級外車の話に戻ろう。

普通車の耐用年数は6年なので、車の購入費用を経費として全部計上するまで6年かかる。

もし、１２０万円の車を購入したならば、1年間に20万円ずつ経費に計上して、6年間かけて全額が経費で落ちることになる、そういうことである。

しかし、中古車の場合、経過分の期間を耐用年数から差し引くことができる。耐用年数が短くなるということは、それだけ早く減価償却してしまえるということ、つまり、**1年間に経費として計上できる金額が多くなる**、ということだ。

たとえば、2年経過した中古車ならば、耐用年数は4年になる。１２０万円で購入した場合は、1年間に30万円ずつ経費に計上できるのだ。新車よりも、年間10万円だけ経費計上額が大きくなるわけである。

中古車の耐用年数というのは、次のよう計算方法で算出される。

（耐用年数－経過年数）＋（経過年数×20％）

たとえば、5年落ち（5年経過）の中古車を買った場合、自動車の耐用年数6年から経過年数5年を引く。それに経過年数の20％、つまり1年を足す。計2年となり、この中古車の耐用年数は2年ということになる。

1年未満の端数が出た場合は切り捨てとなり、最短耐用年数は2年である（計算式で2年以下になった場合は2年が耐用年数となる）。

中古車の耐用年数を並べてみると上図のようになる。

経過	耐用年数
1年落ち	5年
2年落ち	4年
3年落ち	3年
4年落ち	2年
さらに古いもの	2年

このように4年落ちの中古車になると、耐用年数が2年になり、中古車の耐用年数は、それ以上は短くならない。2年が最短なのである。耐用年数が2年というのは、**わずか2年で車の購入費をすべて経費に計上できる**ということだ。

BMW、ベンツなどの高級車は、中古だといってもそれなりに高い。500万〜600万円するものもザラにある。それらが、たった2年で経費化できるのだ。つまり、中古BMWを買えば、2年間にわたって500万、600万円の「利益減らし」ができるということなのである。

2ドアのスポーツカーも事業の経費で落とせる

前項では、中古高級外車がかなり有効な節税アイテムであることをご紹介した。

高級車の中には、2ドアのスポーツタイプの車もある。

2ドアのスポーツカーというと、男性にとってはロマンのあるものだが、趣味の世界のものでもある。これを事業の経費で落とせるなどということは、到底、思えないはずだ。

事実、税理士の多くも、「スポーツカーを事業の経費で落とせるか」と聞かれれば、ノーと答えるはずだ。

しかし、スポーツカーの購入費が事業の経費として認められた例が実際にあるのだ。

税務の世界では、こういう都市伝説がある。

「2ドアの車は会社の経費（社用車）にはできない」

と。これは実は誤解に過ぎない。

2ドアというと、スポーツタイプの車であり、「カッコいい車」であり、常識的に見れば事業に使えるものとは言えない。だから、こういう都市伝説が生まれたのである。

十数年前、『なぜ、社長のベンツは4ドアなのか?』というビジネス書が大ヒットしたが、実はこの本はこの誤解に基づいて書かれたものだったので、内容的にはウソだったのだ。

2ドアの車というのは、後部座席にお客さんを乗せることができない。事業用の車というものは、お客さんを乗せるためにあるのだから、2ドアの車は社用車にはできない、というのがこの都市伝説の根拠である。

でも、裁判の判例で、この都市伝説は明確に覆されているのだ。

ある社長がスポーツタイプの2ドアの車を社用車とし、税務署はそれを否認したために、裁判となった。この社長は、2ドアの車を、出勤や出張の際に使っており、「会社の業務で使っているのだから社用車として認められるべきだ」と訴えたわけだ。

そして、判決ではこの社長の言い分が通った。この社長は、プライベート用に別の車を持っており、この2ドアの車は会社のために使っているということが、はっきりしたからだ。

税務署は、「2ドアの高級車を会社の業務で使っているわけはない」「ほとんどプライベートで使っているはずだから、会社の金で買うのはおかしい」という主張だったわけだ。

でも、この社長は、きちんと会社の業務で使っているということが客観的にわかったので、社長の言い分が認められたのだ。

つまりは、**2ドアの車であっても、事業の業務で使用してさえいれば、立派に社用車として認められる**わけだ。

だから車好きの事業者の方などは、事業で儲かったときには、2ドアの高級車を買ってみるのはアリなのだ。また実は高級車というのは、税金を逃れるための非常に有効なアイテムでもある。

期末に240万円の利益を一気に減らす方法

「中小企業にとって、もっとも都合のいい節税方法はなんですか？」

と聞かれた場合、私は迷わずに**「経営セーフティ共済」**だと答える。私も一応、経営者だが、私自身もこの節税方法を使っている。

経営セーフティ共済は、いろんなところで紹介されているので、ご存知の方も多いと思われるが、この経営セーフティ共済の本当の威力は、あまりよく理解されていないらしく、これを活用している経営者の方は、まだまだ少ない。

経営セーフティ共済がどれほど威力があるかというと、期末ギリギリであっても、会社の利益を最高240万円も減らすことができる、ということである。しかも、この240万円は、会社にとって〝出ていく金〟ではなく、蓄積される金なのだ。つまり、一銭も無駄金を使うことなく、利益を240万円も減らすことができるのだ。

中小企業にとって、240万円の利益を一気に、それも期末に減らせるというのは、非常にありがたいことのはずだ。

他にこんな効率的な節税方法はない。

夢のような節税方法だといえる。

もし「今期はちょっと利益が多かったので、税金が怖い」と思っているような経営者、経理担当者の方は、まず第一にこの経営セーフティ共済を導入してみてほしい。

夢の節税方法「経営セーフティ共済」とは？

では、経営セーフティ共済とは、具体的にはどんなものなのか、どうすれば導入できるのか、ということをご説明したい。

「経営セーフティ共済」というのは、取引先に不測の事態が起きたときの資金手当てをしてくれる共済である。

簡単に言えば、毎月いくらかのお金を積み立てておいて、もし取引先が倒産とか不渡りを出して、被害を被った場合に、積み立てたお金の10倍まで貸してくれる、という制度だ。

この制度のどこが節税になるか、というと、掛け金の全額が損金に計上できることである。掛け金の最高額は年２４０万円なので、年間２４０万円の利益を一気に減らすことができるのだ。

そして、この２４０万円というのは、掛け捨てではない。積み立てた金は、不測の事態が起こらなかった場合は、40カ月以上加入していれば全額解約金として返してもらうこともできる。

40カ月未満の加入者は、若干返還率が悪くなる。

しかも、「経営セーフティ共済」は1年間の前払いもでき、前払いの全額が支払った期の損金に計上できる。だから、期末になって200万〜300万円くらいの利益を急に減らしたいというときには、これに加入すれば、240万円の利益を削ることができるのだ。

もっともいい節税策というのは、「経費をたくさん計上できて、しかもそれを資産として蓄積できること」だといえる。経費を増やせば、税金が減るのは当たり前だ。しかし経費を増やせても、税金以上に会社の資産が減っていっては、意味がない。

「経費を増やすことができて、しかも資産も減らさない」

というものを見つけることができれば、それがもっともいい節税策なわけだ。経営セーフティ共済は、その条件にジャストミートするのだ。

特に忙しい経営者の方、日ごろ節税策をあまり講じてこなかった会社などには、最適の節税方法だといえる。

経営セーフティ共済は資金面でも役に立つ

経営セーフティ共済は、節税面以外でもメリットが多々ある。

たとえば積立金の95％までは、不測の事態が起こらなくても借り入れることができる。この場合は利子がつくが、それでも0・9％という低率である（2023年6月現在）。なので、運転資金が足りないときには、この積立金を借りることができる。

つまり、「経営セーフティ共済（中小企業倒産防止共済制度）」というのは**倒産防止保険がついた預金のようなもの**である。金融商品として見ても、非常に有利なものといえる。儲かったときに、経営セーフティ共済にお金をプールしておけば、税金も取られないし、資金繰りにも役に立つのだ。

経営セーフティ共済は、国が全額出資している独立行政法人「中小企業基盤整備機構」が運営しており、ほぼ官製の共済だ。だからこの機関はつぶれる心配もない。

経営セーフティ共済は、掛け金の額を5000円から20万円まで自分で設定できる。最高額の掛け金にすれば、削減できる利益は「240万円」となる。

そして、掛け金の総額が800万円に達するまで掛け続けることができる。つまり、会社の利益を、毎年240万円まで、総額800万円まではプールしておくことができるということだ。

また掛け金は途中で増減することもできる。

だから初めの掛け金は、節税のために最高額にしておいて景気が悪くなったら減額する、という手も使える（減額するには若干の手続きが必要となる）。

筆者はいたるところで、この経営セーフティ共済がいい節税方法であることを宣伝しているが、もちろん、広告宣伝費をもらっているわけではない（経営セーフティ共済は公的機関なので、そんなことはできない）。前にも述べたように、筆者もこの経営セーフティ共済に加入している。自分がやってみて一番いい節税方法だから、勧めているのだ。

加入手続きも非常に簡単なので、240万円程度の利益（所得）を減らしたいというような場合は打ってつけの節税策といえる。

◎経営セーフティ共済の概要

■加入資格

・1年以上事業を行っている企業
《次のいずれかに該当》
・従業員300人以下または資本金（or 出資の総額）3億円以下の製造業、建設業、運輸業その他の業種の会社及び個人
・従業員100人以下または資本金（or 出資の総額）1億円以下の卸売業の会社及び個人
・従業員100人以下または資本金（or 出資の総額）5,000万円以下のサービス業の会社及び個人
・従業員50人以下または資本金（or 出資の総額）5,000万円以下の小売業の会社及び個人
・ほかに企業組合、協業組合など

■掛金

・毎月の掛金は、5,000円から200,000円までの範囲内（5,000円単位）で自由に選択できる
・加入後、増減額ができる（ただし、減額する場合は一定の要件が必要）
・掛金は、総額が800万円になるまで積み立てることができる
・掛金は、税法上損金（法人）または必要経費（個人）に算入できる

■貸付となる条件

加入後6か月以上経過して、取引先事業者が倒産し、売掛金債権等について回収が困難となった場合

■貸付金額

掛金総額の10倍に相当する額か、回収が困難となった売掛金債権等の額のいずれか少ない額（一共済契約者当たりの貸付残高が8000万円を超えない範囲）

■貸付期間

5～７年（据置期間6か月を含む）の毎月均等償還

■貸付条件

無担保・無保証人・無利子（但し、貸付けを受けた共済金額の1/10に相当する額は、掛金総額から控除される）

■一時貸付金の貸付け

加入者は取引先事業者に倒産の事態が生じない場合でも、解約手当金の95%の範囲内で臨時に必要な事業資金の貸付けが受けられる

■加入の申込先、問い合わせ先

金融機関の本支店・商工会連合会・市町村の商工会・商工会議所・中小企業団体中央会など

小規模企業共済を使いこなそう

前項の「経営セーフティ共済（中小企業倒産防止共済制度）」と似たようなもので、**「小規模企業共済」**というものがある。これは、第3章でも少し触れたが、中小企業にとっては、必須の節税アイテムである。

「小規模企業共済」というのは、会社の経営者や、個人事業者が毎月いくらかを積み立てておいて、事業をやめたり退職したときに、幾分の利子をつけてもらえるという制度である。

つまりは小規模企業（法人や個人事業）の経営者の退職金代わりに設けられている共済制度だ。毎月、お金を積み立てて、自分が引退するときや事業をやめるときに、通常の預金利子よりも有利な利率で受け取ることができる。自営業者を対象としたものだが、中小企業の経営者、役員やフリーランサーやＳＯＨＯ事業者も当然加入できる。

この小規模企業共済は月に１０００円から７万円まで掛けることができるが、掛け金の全額を所得から控除できる。

最高額の月７万円を掛ければ、年間84万円が所得控除される。

しかも、この小規模企業共済も前納することもできる。そして1年以内分の前納額は全額が支払った年の所得控除とすることができるのだ。

だから**年末に月々７万円の掛け金で加入して、１年分前納すれば、84万円もの所得を年末に一気に減らすことができる。**

小規模企業共済の難点は、預金と違って自由に引き出すことができない、という点である。原則として、その事業をやめたときか、退職したときにしか受け取ることができない。

事業が思わしくなったときや、いざというときには、事業を廃止したことにすれば、もらえる。事業を廃止しなくても解約できるがその場合は、給付額は若干少なくなる。また、事業を法人化したときにも受け取れるので、個人事業者が法人化への資金として貯蓄する場合にも使える。

掛け金の７〜9割程度を限度にした貸付制度もあるので、運転資金が足りないときには活用できる。

共済金を受け取った場合は、税制上、退職金か公的年金と同じ扱いとなり、ここでも優遇されている。

この「小規模企業共済」も、「経営セーフティ共済（中小企業倒産防止共済制度）」と同じように、独立行政法人「中小企業基盤整備機構」が運営していて、全国で約162万人が加入している。

問い合わせ先も、「経営セーフティ共済（中小企業倒産防止共済制度）」と同じである。

退職金を積み立てながら節税できる「中小企業退職金共済」

中小企業には、**「中小企業退職金共済」**という制度がある。この共済も節税策としても非常に有効なものである。

中小企業退職金共済とは、中小企業がこの共済に毎月いくらかずつを積み立てて、それを従業員の退職したときに退職金として支払うという制度だ。

この中小企業退職金共済のどこが節税になるかというと、**積み立てた金額が、全額損金にできる**ことである。

現在、日本の税法では、退職金のための引当金は認められていない。

退職したときに、従業員に退職金を払うように就業規則で決められている企業、退職金の支払い慣習がある企業の場合は、従業員に対して退職金の支払い義務がある。

しかし税制上はこの退職金の原資を蓄えておくことができないのだ。企業が退職金のためにお金を積み立てても、それは税務上損金にできない。つまり、企業は従業員の退職金を払う債務を負いながら、それを損金として積み立てておくことができないということだ。

これは企業にとっては、痛いことであり、日本の税制上の欠陥だともいえる。

しかし中小企業退職金共済を使えば、企業が毎年損金として、退職金を積み立てることができるのだ。

たとえば、中小企業退職金共済を使って、従業員一人あたり月3万円を積み立てていたとする。これは会社の経費に計上することができるので、毎年社員一人あたり36万円の経費計上ができる。20年後には利子も含めるとだいたい８００万円に、30年後には１２００万円くらいになっているのだ。

それだけの備えがあれば、社員が退職したときに慌てなくてすむだろう。

さらにこの中小企業退職金共済が、節税上有利なことは、1年間の前納が可能だということだ。

だから期末に1年間前納すれば、期末になってからの節税策ともなる（ただし、一度前納すれば、その後もずっと前納しなければならない)。

また国からの若干の助成があり、単なる退職積立金と考えても、有利な制度だ。節税商品としても抜群の内容といえる。

中小企業退職金共済は、資本金5000万円以下(製造、建設業等は3億円以下、卸売業は1億円以下)の企業であれば、どこでも加入できる。

中小企業退職金共済の掛け金は、従業員一人あたり月5000円から3万円までであり、その間の増額は自由にできる(減額は、理由が必要)。また特例としてパートタイマーなどには、一人あたり月2000円から4000円の掛け金もある。

ただ原則として、全従業員に掛けなければならない。経営者や役員、家族従業員は、加入することができないので、経営者の資産形成のためには使えない。

中小企業退職金共済は、解約するのには条件があり、全従業員が解約を認めたとき、もしくは厚生労働大臣が掛け金を払い続ける状態ではないと認められたときとなっている。

中小企業退職金共済は、主な金融機関の窓口で取り扱っており、加入の方法も簡単である。

従業員に退職金を払う慣習のある中小企業、払おうと思っている中小企業は、ぜひこの制度を活用したい(中小企業退職金共済本部/東京都豊島区東池袋1-24-1 ニッセイ池袋ビル16階/電話03-6907-1234)。

第7章

富裕層が実践している
タックスヘイブンの使い方

タックスヘイブンに住めば税金が格安になる

「正しい脱税」の方法には、海外進出という手もある。

実際に、昨今、富裕層は、海外を使って節（逃）税しているケースも多い。

最近、**「タックスヘイブン」**などという言葉を時々聞かれるのではないだろうか。

このタックスヘイブンというのは、日本人としては「税金天国」と訳してしまいそうだが、直訳すれば「租税回避地」ということになる。

タックスヘイブンというのは、その名の通り、税金がほとんどかからない国、地域のことである。

タックスヘイブンに住居地を置けば、税金はほとんどかからないのだ。

タックスヘイブンの主な国、地域は、南太平洋の小国、ケイマン諸島、香港などである。

「いくら税金が安いと言っても、南太平洋などに住むわけにはいかないよ」

と普通の人は思うだろう。

確かに、日本に住み、日本で仕事をしている人にとって、タックスヘイブンに住むことなど絶対無理である。だから、普通の人にとって、タックスヘイブンには何の魅力もない。

しかし、**海外でも仕事ができるような人や、多くの資産を持ってリタイアした人にとっては、これ以上ないほどの魅力を持っている地域**なのだ。

日本で生活する必要のない人、日本であくせく働く必要のない金持ちは、タックスヘイブンに居住すると日本のように高い所得税や住民税を払う必要はなくなるのだ。

また各国を股にかけている会社が、本拠地をここに置いておけば、法人税の節税もできる。

タックスヘイブンに本社を置いて、各国には子会社を置く。そして、各国の利益は、タックスヘイブンの本社に集中するようにしておくのだ。

そうすればその企業グループ全体では、税金を非常に安くすることができるのだ。だから、本社をタックスヘイブンに置いている多国籍企業も多い。

特にヘッジファンドと呼ばれる投資企業の多くはタックスヘイブンに本籍を置いている。

かの村上ファンドが、シンガポールに本拠地を移したのも、シンガポールがタックスヘイブンだったからなのだ。

またブルドックソースを買収しようとした投資グループ「スティール・パートナーズ」も、本籍地はタックスヘイブンで有名なケイマン諸島になっている。

タックスヘイブンは、税金が安いこととともに、**日本の税務当局の目が届きにくい**という利点もある。

だから、表向きにできない脱税マネーや裏金などをタックスヘイブンに移したり、やばい取引をタックスヘイブン経由で行なうケースも増えている。

また資産家が自分の資産を少しずつタックスヘイブンに持ち出すケースも多いといわれている。

莫大な資産を持っていれば、自分が死んだとき、遺族に莫大な相続税がかかってくる。だから、資産をタックスヘイブンに移しておいて、日本の税務当局に見つからないようにする、というわけだ。

もちろん、これは本当の脱税である。

でも、タックスヘイブンの金融機関というのは、秘密保持が徹底しており、金持ちにとっては、スイスなどと同様、貴重な隠し口座となっているのだ。

またタックスヘイブンに連動して、「オフショア取引」という言葉も最近よく耳にするだろう。

オフショア取引というのは、非居住者が行なう投資活動のことである。

タックスヘイブンなどにおいて、外国人投資家が、その国以外の国に投資活動などをすることだ。だから、当事国にとっては、自国内で、外国人投資家が外国企業への投資をするということになる。

オフショアとは陸地から「離れた沖合」という意味で、「国家の関与から離れたところで行なう取引」ということである。

そして自国の国内市場とは区分して、外国との取引のみを行なう市場を、オフショア市場という。

オフショア市場は、タックスヘイブンだけではなく、先進諸国でもつくられている。日本にもオフショア市場はある。世界中の富裕層は、世界各地のタックスヘイブンやオフショア取引を巧みに利用して、税金を逃れているのである。

このように、富裕層は税金を安くするための努力を惜しまない。国税庁も目を光らせているが、富裕層は法の抜け穴をついて、タックスヘイブンを巧みに活用している。しかもこれは一般の人にも頑張れば応用できるものである。彼らはいったい、どのようなウラ技を駆使しているのか？　その実態を、本章で紹介していこう。

イギリスの植民地から始まったタックスヘイブン

前項では、金持ちの逃税先となっている「タックスヘイブン」のことを紹介したが、そもそもなぜこういう国、地域ができたのか？

税金を安くしたら、その国や地域は大変である。彼らは何のために、税金を安くしているのだろうか？

もちろん、彼の地には彼の地なりの計算があり、メリットがあるので、タックスヘイブンをつくっているわけだ。

実は、タックスヘイブンの歴史は古い。

19世紀のことである。西洋の列強が、アジア、アメリカ、アフリカを手当たり次第に食い散らかしていた時代。

当時、企業のグローバル化が起こり始めた。今の多国籍企業と同じように、世界を股にかけて商売をする企業が、増えていたのだ。そういう企業は、当然、税金の安い地域に本拠地を置く。

そういう多国籍企業の一つがある事件を起こした。

その多国籍企業というのは、ダイヤモンドで有名なデ・ビアス社である。デ・ビアス社は、長らくダイヤモンドの世界シェアの9割近くを維持していたといわれる、史上最大のダイヤモンド取引業者だ。

19世紀後半から、西洋各国では税金が上がり始めた。度重なる戦乱で、各国とも歳入が不足していたので、企業の税金を上げたのだ。

そこで、デ・ビアス社はある対策を講じた。デ・ビアス社はイギリス系の会社だが、税金を安くするために本社を南アフリカに置いたのである。

当時のイギリスでは、植民地への投資を増やすために、植民地の企業の税金は安くしていた。南アフリカも税金が安かったのだ。そこにデ・ビアス社は目をつけたというわけである。

しかしイギリスの税務当局は、デ・ビアス社に対してイギリスでの納税を課した。デ・ビアス社の取締役会はイギリスにあり、実質的に経営はイギリスで行われているので、イギリスで課税されるべきだ、という判断がされたのだ。

しかし、イギリス税務当局のこの判断は、多国籍企業に節税のヒントを与えることになった。

「取締役会をイギリスで行なっているから、イギリスの税金がかかるというのなら、取締役会を植民地で行えば植民地の税金で済むはず」

というわけだ。

そこでまずエジプトで不動産事業をしていたエジプトデルタ地帯開発会社が、取締役会の場所をカイロに移したのだ。

イギリスの税務当局は、このエジプトデルタ地帯開発会社にもイギリスでの課税をしようとしたが、今度は裁判所が待ったをかけた。

「エジプトで経営されている事実があるので、イギリスで課税することはできない」

ということになったのだ。

この後、イギリスの多国籍企業はこぞって、取締役会を植民地で行なうようになった。

現在、タックスヘイブンには、イギリスの旧植民地だったところが多いのは、このためなのだ。

そしてこれはイギリス植民地にとっても好都合なことだった。

イギリス植民地は、多国籍企業が、たくさん籍を置いてくれるので税収が上がる。

会社が籍を置けば、それなりの登記費用などがかかるし、また会社はある程度、その地域にお金を落としてくれる。

イギリス植民地にとって、それは貴重な財源となったのだ。

だから、**イギリス植民地は、第二次大戦後に相次いで独立した後も、税制はそのままにして**

おいた。せっかく籍を置いてくれている多国籍企業に出て行かれないためにである。

また旧イギリス植民地にならって、他の貧しい国や地域も、税金を安くして多国籍企業や資産家を誘致するようになった。

それが、タックスヘイブンの成り立ちというわけである。

日本の住民税がかからない

タックスヘイブンに居住すれば、どういう税金がどのくらい安くなるのか、具体的に説明したい。

まず**タックスヘイブンに住んで逃れられるのは、住民税**である。

現在、日本では原則として所得に対して10％の住民税が課せられているが、海外に住んで「非居住者」になれば、これが課せられなくなる。海外ではその地での住民税を払わなければ

正しい脱税とは？
個人事業者向け
経営者向け
共通

ならないが、タックスヘイブンの場合は、住民税が無料か非常に安くなっているのだ。

では、日本の住民税がかからない「非居住者」になるには、どの程度の期間、海外に住めばいいのだろうか？

税法では、日本の国内に住所地がない「非居住者」になるには、1年間のうちだいたい半分以上、海外で生活しておかなければならない、ということになっているが、実は厳密な区分はない。半年以上生活していても、実質的な住所が日本にあるというような場合は、「海外居住」とは認められないこともあるし、逆に半年以上日本に生活していても、「海外居住」が認められるケースもある。

国税庁のサイトでは、日本での「非居住者」となる条件として次のように述べている。


居住者・非居住者の判定（複数の滞在地がある人の場合）
1　国内法による取扱い
我が国の所得税法では、「居住者」とは、国内に「住所」を有し、または、現在まで引き続き1年以上「居所」を有する個人をいい、「居住者」以外の個人を「非居住者」と規定しています。

「住所」は、「個人の生活の本拠」をいい、「生活の本拠」かどうかは「客観的事実によって判定する」ことになります。

したがって、「住所」は、その人の生活の中心がどこかで判定されます。

なお、一定の場合には、その人の住所がどこにあるかを判定するため、職業などを基に「住所の推定」を行うことになります。

「居所」は、「その人の生活の本拠ではないが、その人が現実に居住している場所」とされています。

法人については、本店または主たる事務所の所在地により内国法人または外国法人の判定が行われますが、その判定に当たっては、登記や定款等の定めなどによることになります（これを一般に「本店所在地主義」といいます。）。

2　租税条約による取扱い

租税条約では、わが国と異なる規定を置いている国との二重課税を防止するため、個人および法人がいずれの国の居住者になるかの判定方法を定めています。

我が国が締結している租税条約の一例ですが、

個人については、①恒久的住居の場所、②利害関係の中心がある場所、③常用の住居の場所、④国籍の順で判定し、どちらの国の「居住者」となるかを決めます。

法人については、本店または主たる事務所の所在地、事業の実質的な管理の場所、設立された場所その他関連するすべての要因を考慮して両締約国の権限ある当局の合意により決定する場合もあります。

これをわかりやすく言うと、「国内に住所があるか、現在まで1年以上日本に住んでいる人」が居住者となり、それ以外の人は居住者ではない、ということである。そして複数の国に居住しているなど、居住者かどうか微妙な場合は、生活の中心がどこかで、判断する。

また複数の国に居住している人は、どこの国の居住者となるか、国同士でもめるケースもある。当事国としては、なるべく自国の居住者にしたい。自国に住んでもらった方が、いろいろお金を落としてもらえるので、経済的メリットがあるからだ。

だから国同士でもめた場合は、次の条件を順番に照らし合わせて判断することになっている。

1将来的にどこに住むつもりなのか

2経済関係の中心はどこにあるのか

3固定した住居はどこにあるのか

4国籍

が、これも明確な判断ラインがあるわけではなく、最終的には国同士の話し合いで決着することになる。必然的に、強い国の主張が通る。

だから、東南アジア諸国と日本がもめた場合は、日本の主張が通ることが多いが、英米などともめた場合は、英米の主張が通ることが多いのだ。

竹中平蔵氏の住民税脱税疑惑

ところで小泉内閣で総務大臣などを歴任した、かの竹中平蔵氏には、住民税脱税疑惑というものがある。

竹中平蔵氏は、慶応大学助教授時代に、住民票をアメリカに移し日本では住民税を払っていなかったのだ。

住民税というのは、住民票を置いている市町村からかかってくる。だから、**住民票を日本に置いてなければ**、**住民税はかかってこない**。

これが、本当にアメリカに移住していたのなら、問題はない。でも、どうやらそうではなかっ

正しい脱税とは？　個人事業者向け　経営者向け　共通

たのだ。

彼はこの当時、アメリカでも研究活動をしていたので、住民票をアメリカに移しても不思議ではない。でもアメリカでやっていたのは研究だけであり、仕事は日本でしていた。竹中平蔵氏は当時慶応大学助教授であり、実際にちゃんと助教授として働いていたのだ。

竹中大臣はこの時期、所得税の申告は日本で行なっている。もし竹中大臣がアメリカに居住していたということであれば、所得税も日本で申告する必要はない。

なぜ所得税は日本で申告したのに、住民税は納めていなかったのか？

これが、国会でも、一時問題になった住民税の脱税疑惑の根幹である。

住民税は、1月1日に住民票のある市町村に納付する仕組みになっている。

1月1日に住民票がなければ、どの市町村も納税の督促をすることはない。だから、1月1日をはさんで住民票をアメリカに移せば、住民税は逃れられるのだ。

竹中平蔵氏は、どうやらこの仕組みを利用していたらしい。

竹中平蔵氏は、「住民税は日本では払っていないがアメリカで払った」と国会で主張している。日本で払っていなくてもアメリカで払っていたのなら、ともかく筋は通る。

それを聞いた野党は、「ならばアメリカでの納税証明書を出せ」と言った。でも竹中氏は、最後まで納税証明書を国会に提出しなかった。

住民税というのは所得税と連動している。所得税の申告書を元にして、住民税の申告書が作成される。

これはアメリカでも同じである。

国内で所得が発生している人にだけ住民税がかかるようになっているので、アメリカで所得が発生していない竹中氏が、住民税だけを払ったとは考えにくい。

税制の専門家たちの中にも、竹中氏は違法に近いと主張をしている人もいる。

日本大学の名誉教授の北野弘久氏もその一人である。北野教授は国税庁出身であり、彼の著作は、国税の現場の職員も教科書代わりに使っている税法の権威者である。その北野教授が、竹中平蔵氏は黒に近いと言っているのだ。

でもこの脱税疑惑は、うやむやになってしまった。

さすがにこの脱税方法を一般の人が使うにはリスクが大きすぎる。しかし、住民票を海外に移せば、日本の住民税はかかってこないということは知っておいた方がいいだろう。

所得税も安くなる

タックスヘイブンに住めば、住民税の他に、所得税も安くなるケースがある。海外に居住している人の日本の所得税、住民税は次ページの図のようになっている。

このように海外居住者であっても、日本から収入がある人には、日本の所得税はかかるようになっている。

が、**海外でもできる仕事をしている人は、海外に居住すれば日本の所得税はかからない**のだ。

その最たる職業がユーチューバーである。海外から発信できるユーチューバーは、海外で動画を作成し海外から発信していれば、日本での所得税はかからない。実際に、そういうことをしている有名ユーチューバーもいるのだ。某お騒がせ系のお笑い芸人なども、海外に居住しこの仕組みを利用している。

また日本からの収入があっても、**収入が源泉徴収されている場合は、「源泉所得税」だけでいい**ということになっている。印税収入を得ている作家、作曲家や、報酬から源泉徴収されているデザイナーなどは、源泉徴収された分だけでいいのである。

普通、日本国内に住んでいる日本人であれば、所得税というのは、全所得を計算し、その上で所得税が課せられる。源泉徴収されていたとしても、それだけで納税が完了するわけではないのだ。源泉徴収された分も含め、年末にすべての所得を計算しなおして、所得の総トータルに対して所得税が課せられるのである。

しかし、海外居住者の場合は、源泉徴収された分だけで納税は完了しており、それ以上の税金は払わなくていいのだ。

たとえば、売れっ子作家などは、この仕組みによって、大幅に税金が安くなる。著書の印税にかかる源泉所得税は、原則として最大20％である。だから、作家は印税を受け取る際に、最大20％の税金が引かれている。しかし作家は、どんなに儲かっていても、もうこれ以上の税金は払わなくていいのである。数千万円、数億円の収入があっても、20％の源泉徴収だけでいいのだ。

日本国内に居住している作家であれば、所得税は累進課税になっているので、数億円の収入がある人は、通常40％以上の所得税が課せられる。しかし、海外居住の作家は20％だけでいいのだ。

この仕組みを利用している著作者もけっこういる。

	所得税	住民税
日本から収入がある人	日本からの収入にのみ課税	非課税
日本から収入がない人	非課税	非課税

たとえば、2007年、ハリーポッター翻訳者が居住地をスイスにし、日本では確定申告をしていなかったことが発覚したことがあった。このケースでは、国税当局は「実際は日本に住んでいた」として、約7億円の追徴課税をしたのだ。が、逆に言えば、もしスイスに居住の実態があった場合は、課税は免れていたのだ。

投資家はタックスヘイブンで税金がゼロになる

海外移住することで、逃れられる税金は他にもある。

海外に住めば、**海外での利子所得、配当所得に税金がかからない**のだ。

日本では、外国法人や非居住者の株の売買益に関する所得には、税が課せられないようになっている。外国法人や非居住者たちは、本来、居住国で税金が課せられるからだ。しかし、タックスヘイブンに籍を置いておけば、税金はかからない。だから、日本の株売買をしているような投資会社が、タックスヘイブンに本籍をおけば、その収益にはまったく税金が課せられないことになる。

外国企業や非居住者は日本の株からの「配当金」については約15％の源泉税だけでいいことになっている（本来は約20％の税が課せられる）。

また外国企業からの配当や、外国銀行での預金の利子は、日本に住んでいる限り、日本の税金がかかってくるが、国外に住んでいれば日本の税金はかからない。

最近、外国企業に投資をしたり、外国の銀行に預金をする人が増えている。日本は低金利が続いている。日本で預金したって全然利子がつかないが、外国の預金だったら、５％くらいの利子は普通についてくるが、この利子に税金がかからないのだ。

もちろん、外国に住めば外国の税金がかかるので、日本の税金がかからなくても、それだけで税金が安くなるとは限らない。

しかし、タックスヘイブンなどに住めば、配当や利子にはほとんど税金がかからない。

たとえばシンガポール。この国は、キャピタルゲインには課税されていない。つまり株式などでいくら儲けても、税金は一切かからないのだ。そのうえ、キャピタルゲイン以外での収入でも、所得税は最高でも22％（２０２４年度から24％）、法人税は17％と、日本に比べれば非常に低い。

だからヘッジファンドのマネージャーなどがシンガポールに住んでいるケースも非常に多いのだ。

シンガポールは国策として、海外の富豪や投資家などを誘致しようとしているのだ。彼らがたくさん稼いで、多額の金を落としてくれれば、シンガポールとしては潤うからである。

そのため様々な便宜を図っているのだ。ちなみに、シンガポールでは贈与税や相続税もない。だからシンガポールで稼いで、その金をシンガポール在住の子供に贈与すれば、税金はまったくかからないということになる。

世界中から富豪がこの国に集まってくるのも無理のない話だといえるだろう。

またシンガポールに対抗して、香港でも似たような制度を敷いている。香港にも同じように移り住む金持ちが増えている。

このように外国企業からの配当などで、大きな利益を得ている人は、タックスヘイブンと呼ばれる地域に住んでいたりするケースが増えているのだ。

リタイアした人の税金天国

タックスヘイブンで、本当に美味しい思いができる人というのは、事業をやめてリタイアした人である。事業をやめた人だけではなく、**サラリーマンで定年退職した人なども、この恩恵を享受することができる。**

日本は、リタイアしてからも年金にも多額の税金が課せられるし、住民税は当然のように払わなければならない。またリタイアした人に加入義務のある国民健康保険なども、べらぼうに高い。さらに日本の場合、ＮＨＫの受信料、高額な高速料金など、ステルス的な「事実上の税金」も多々ある。

それらの高額な税金、社会保険料も、タックスヘイブンに行けば払わなくて済むのである。

海外で暮らすという事は、経済上の魅力もある。

実は、日本は世界の中で物価が高い国なのである。

長い間、日本は「デフレ＝物価が上がらない」と言われてきたが、世界的にみると、決してモノが安い国ではないのだ。

世界物価ランキングでは、常に上位を占めている。戦乱や革命で国内が極度に物資不足に陥っている国と肩を並べるほど、物価が高い国なのである。その上、ウクライナ戦争以降は、世界的なインフレがさらに日本の物価を押し上げている。

だから、日本人は日本以外の国に住めば、だいたいどこに行っても物価が安いと感じることになる。昨今は、欧米でのインフレが激しいので、欧米に行けば日本人でも物価が高く感じるが、それ以外の国はだいたい安く感じるはずだ。

つまり同じお金でも豊かな生活ができるというわけだ。

特にタイやインドネシアなどの東南アジアでは、日本から比べれば驚くほど物価が安い。食事でも現地の人と同じものを食べるのなら、一食数十円くらいで済んでしまう。スーパーやデパートのレストランで食べても、５００円も出せばかなりいいものが食べられる。日本食のレストランさえ日本より安いこともある。

住む場所も、月5万円も出せば普通に清潔なサービスアパートを借りる事ができる。

だから**月20万円もあれば、夫婦でも相当に豊かな生活をすることができる**のだ。月30万円も出せば、大きな屋敷でメイドさんを雇うような生活ができる国も多い。

また東南アジアのほとんどの国では、一部の政情不安定国を除けばだいたい先進国とあまり変わりのない生活をしている。タイなども、街中のあちこちにごく普通にセブンイレブンがあるし、きれいな病院や巨大商業施設もいたるところにある。

だから、日本にいるときとあまり変わらないような文化的な生活が、格安で送れるのだ。

しかも、**東南アジア諸国では、日本のリタイア組を受け入れるために、特別のビザを用意している国も多くある。**一定の年金収入があったり、一定の財産がある人を積極的に受け入れているのだ。

リタイア組のための様々なサービスを設けていたりもする。

リタイア組の日本人を誘致するために、日本人居住地域をつくったりもしている。たとえばタイでは、避暑地のチェンマイなどに、日本人のリタイア者向けの移住地域がある。

日本の退職者は、金銭面では安定収入があるので、どこの国も誘致をしたがっているのだ。

日本では、月20万円の収入しかないというと、かなり心細いが、東南アジアでは大金持ちの部類に入る。そういう大金持ちが来てくれることは、大歓迎なのだ。

もちろん、外国で生活することは、それなりのリスクはある。日本は世界でもっとも治安がいい国であり、日本以外の国に住むことは、今より治安が悪いところに住むということを意味する。

また医療サービスなどは、世界ではかなりばらつきがある。医療保険に入っていれば、日本

正しい脱税とは？
個人事業者向け
経営者向け
共通

の国民健康保険よりは格安で医療を受けられることが多いが、相手国の医療システムを理解していなくては、大事なときに適切な医療を受けられなくなることもある。

タックスヘイブンの恩恵を享受するためには、「海外で普通に生活できるスキル」は必須なのである。

リタイア1年目に海外移住をするのがもっとも節税効果が高い

リタイア後に海外移住を考えている人に、心得ておいていただきたいことがある。

それは、**リタイア1年目に、海外移住するのがもっとも節税効果が高い**ということだ。住民税の仕組みから、そうなっているのだ。

海外移住をした場合、安くなる税金（払わなくていい税金）というのは、住民税である。そして住民税は、通常、前年の所得にかかってくるものである。

サラリーマンの退職金に関する住民税は退職金をもらうときに完結しているが、通常の所得に対する住民税は、退職後にもかかってくる。

だからリタイアして無職になった場合、その翌年は収入がないのに高い住民税を払わなければならないケースも多いのだ。

3月末くらいでリタイアした人ならば、その年の年収はそれほど高くなっていないので、翌年の住民税は大したことはないだろう。しかし12月末でリタイアした人などは、1年分まるまるの収入があるので、年収としてはかなり大きな額になっている。

住民税は、この年収の10％となる。リタイア翌年が無職で無収入になっている場合、この住民税はかなり負担が大きいはずだ。

住民税というのは、1月1日に住民票がある自治体からかかってくるものなので、その日に海外に住民票を移していればかかってこない。だから退職後に、長期の海外旅行もしくは海外移住を考えている人は、ぜひ**退職翌年の1月1日以前に住民票を国外に移す**ことを考慮しておきたい。

これは、その年の半分以上を海外で過ごしていれば脱税ではない。

おわりに

本書は「正しい脱税」という過激なタイトルを付されてはいるが、中小企業、フリーランサー向けの税金マニュアルでもある。

日本の経済を支えているのは、中小企業である。

中国や韓国などが急速に経済発展し、大企業のレベルはもうそれほど日本との差はない。大掛かりな工場設備、最先端のデジタル技術などでは、中国や韓国は、日本を猛追しており、産業によっては抜かれてしまったところもある。

が、中小企業のレベルは、まだまだ日本の方が高い。日本の中小企業は、世界的な技術を持っていたり、その分野で世界一のシェアを誇っているなどのことが多々ある。日本の高度な工業技術の根本を担っているのは中小企業なのである。

しかし中小企業は、昨今、非常に厳しい状況に置かれている。

政府は、大企業の要望はすぐに応えるが、中小企業の要望にはなかなか応えない。また、中小企業は大企業のような政官とのパイプがなく、利権なども持っていないことが多い。

しかも消費税の増税や、インボイス制度など、中小企業に負担の大きい政策ばかりが講じられている。大企業や富裕層には、バブル崩壊以降、大減税をし続けているにもかかわらず、である。ページ数の関係で触れることはできなかったが、2023年から始まるインボイス制度は、事実上、零細企業を狙い打ちにした大増税であり、日本経済には百害あって一利なしの大悪政なのである。

このままでは、日本の中小企業は死んでしまうし、それはすなわち日本経済の死を意味する。これを防ぐ手立ての一つとして、「正しい脱税」を使っていただきたい。これまで中小企業がおとなしく税金を払ってきたことが、政府の悪政をエスカレートさせてきたのだから。

最後に、彩図社の名畑諒平氏をはじめ、本書の作成に尽力いただいた方々にこの場をお借りして御礼を申し上げます。

2023年猛暑　　著者

著者略歴

大村大次郎（おおむら・おおじろう）

1960年生まれ、大阪府出身。

元国税調査官。主に法人税担当調査官として10年間国税庁に勤務。
現在は経営コンサルタントの傍ら、ビジネス・税金関係の執筆を行なっている。
フジテレビドラマ「マルサ!!」監修。著書に『脱税のススメ』シリーズ（彩図社）、『完全図解版　税務署対策最強マニュアル』（ビジネス社）、『サラリーマンのための起業の教科書』（小学館）などがある。

元国税調査官が教える
税金を最小限に抑える技術
正しい脱税

2023年9月21日　第1刷
2024年1月25日　第3刷

著　者　大村大次郎

発行人　山田有司

発行所　株式会社彩図社
東京都豊島区南大塚3-24-4
MTビル　〒170-0005
TEL：03-5985-8213　FAX：03-5985-8224

印刷所　シナノ印刷株式会社

URL：https://www.saiz.co.jp
Twitter：https://twitter.com/saiz_sha

© 2023.Ojiro Omura Printed in Japan.　ISBN978-4-8013-0678-3 C0033
落丁・乱丁本は小社宛にお送りください。送料小社負担にて、お取り替えいたします。
定価はカバーに表示してあります。
本書の無断複写は著作権上での例外を除き、禁じられています。